퀀텀 시크릿

Quantum
Secret

「RYOSHIRIKIGAKU TEKI」 GAMBO JITSUGEN NO KYOKASHO
ⓒ Hirokazu Takahashi 2022
First published in Japan in 2022 by SB Creative Corp., Tokyo.
Korean translation rights arranged with SB Creative Corp.
through Shinwon Agency Co.

부와 행운을 끌어당기는 11가지 법칙

퀀텀 시크릿

Quantum Secret

다카하시 히로카즈 지음
이선주 옮김

알레

"이 '마법의 교과서'가
과연 나에게도 효과가 있을까?"라고
생각하는 당신께

전생의 업보 때문에 내 인생은 저주받았고, 운명은 바꿀 수 없다고 생각했던 때가 있었기에 내 이야기로 잠시 시작해 보고자 한다.

'내 인생은 왜 이리 힘들기만 할까?'

매일 술독에 빠져 어디로 가야 할지 몰라서 정처 없이 방황하고 있을 때, 기가 막히게 답을 내려주신다는 왕십리의 그분을 미친 듯이 찾아갔던 스물두 살의 그날이 지금도 생생하다. 정치인들도 그에게 답을 들으러 갈 정도로 놀랍게 맞춘다는 왕십리 그분의 전설! 역시 소문대로 그는 나를 보자마자 읊어대기 시작했다.

"지하 사글셋방에서 사네? 형제도 없이, 아무도 도와주는 사람이 없어!"

"아빠가 아주 힘들게 하지? 엄마가 집을 나갔었네. 참… 힘들다. 죽을 애가 살아 있어!"

"초년, 중년 꽉꽉 막혀 있어. 열심히 살아도 마음만 답답하니 그냥 마음을 비우고 사는 게 정신 건강에 좋을 거야!"

술독에 빠져 죽지 못해 살아가고 있었던 내게 마치 심판의 날 심판장은 '너는 어떻게 해도 지옥! 앞으로 뭘 해도 지옥!'이라는 판정을 내린 이상 무슨 희망이 있겠는가? 내 마음은 이미 생지옥이었다. 청천벽력 같은 소리에 내 마음은 저 땅끝까지 무너져 내렸다.

내가 만약 잠재의식의 힘에 대해, 마인드파워에 관해 공부하지 않았다면 나는 '왕십리 트라우마'를 안고, 현실을 원망하며 '어둠의 딸'로 지금도 지질하게 살고 있을 것이다.

그러나 내 인생은 바로 그날부터 바뀌기 시작해서 엄청난 속도로 성장했고, 지금은 내가 꿈꿔왔던 180도 다른 삶을 살고 있다.

2014년 KBS TV 프로그램 〈아침마당〉에 초대받아 처음 나갔을 때, 어떻게 영어 한마디 못했던 내가 어학연수나 유학을 가지 않고도 영어를 국내파로 정복할 수 있었는지, 어떻게 '시크릿'의 주인공 밥 프록터(Bob Proctor)의 비즈니스 파트너가 될 수 있었는지, 어떻게 베스트셀러 작가가 될 수 있었는지, 어떻게 글로벌 강연가가 될 수 있었는지 등의 나만의 성공 방법들에 관해 물어보셨다. 나는 아주 심플한 '모든 성공한 사람들이 적용했던 마법의 5가지 법칙'을 나에게 적용했을 뿐이고, 누구나 가능하다고 간단하게 이야기했을 뿐이었다. 그런데 놀랍게도 그 인터뷰를 보고 마인드파워 스쿨로 수많은 사람이 지방에서, 해외에서 교육을 들으러 2년간 나를 찾아왔다.

모두가 '자신의 인생을 바꿔 달라' '우리 아들, 딸의 인생을 바꿔 달라'고 부탁했다. 나 또한 칠흑 같은 어둠 속에서 한 치 앞을 나아가지 못하고 힘들어했던 시간이 많았기에 그들의 마음이 이해됐다. 그리고 인생에서 변화를 원하는데 어디서부터 시작해야 할지 모르는 사람들이 정말 많다는 것을 실감했다.

이 책 『퀀텀 시크릿』에서 소개한 법칙들은 저자 자신이 직접 시험해 보고, 코칭을 통한 사람들의 놀라운 체험 사례에서 볼 수 있듯이 **당신도 당신의 운명을 스스로 바꿀 수 있다!**

외부에서 돌아가는 현상들은 눈에 보이는 것이지만, 눈에 보이지 않는 내부가 어떻게 돌아가느냐에 따라 보이는 현실이 바뀐다.

인간이 가진 창조 능력에 관해서 연구를 계속하고 있는 전문가들에 의하면, 인간의 마음속에는 그 깊이를 측정할 수조차 없는 엄청난 잠재력이 있는데 우리는 그 잠재력의 극히 일부도 사용하지 못하고 죽는다고 한다. 대부분의 사람은 내 안에 무한한 잠재력이 있다는 것도 모르고, 그것을 어떻게 끌어내서 사용하는지를 이해하지 못하기 때문에, 매일 다람쥐 쳇바퀴 돌듯이 사는 대로 생각하며 살아가고 있다. 우리 모두 똑같은 무한한 능력을 갖추고 있는데 어떤 사람은 그것을 잘 활용해서 살아가고 있지만, 어떤 사람은 그것이 있는지조차 모르고 살아간다. 이 얼마나 불공평한가!

우리는 하루하루 힘들게 살기 위해 이 땅에 온 것이 아니다.

우리는 충만하게 행복할 권리가 있으며, 행복해지기 위해서 귀하게 태어난 존재이다.

HOW? 어떻게 내 운명을 바꿀 것인가?

이 책 『퀀텀 시크릿』에는 엄마가 아이에게 음식을 떠먹여 주듯이 이 HOW에 대해 매우 상세하게 풀어내 주고 있어 놀라웠다. 이 방법대로 차근차근 실천한다면 당신의 인생은 분명 다른 세상이 될 것이다.

보이지 않는 에너지가 어떤 원리로 구성되어 현실을 바꾸는지 저자는 양자역학 이론으로 독자들이 이해하기 쉽게 더욱 자세히 풀어 주고 있다. 어떻게 내가 원하는 것을 그리고 상상을 현실로 만들 수 있는지, 그리고 잠재의식을 자극해서 더욱 파워 액션으로 이어지게 할 수 있는지 등의 구체적인 가이드라인을 제시했다. 그래서 어려울 수 있는 내용을 매우 쉽게 당신이 잘 이해하고 적용할 수 있도록 안내하고 있다. 내가 정처 없이 방황하던 어린 시절, '이런 책이 있었다면 희망 없이 방황했던 절망의 시간을 용기로 바꿀 수 있었을 텐데' '시행착오의 시간을 훨씬 단축할 수 있었을 텐데'라는 생각이 든다.

이 책을 든 당신!

지금 만약 당신이 현재 집도 없고, 돈이나 능력이 없어도, 어떤 상황에 처해 있다고 해도 상관없다. 과거에 무엇을 했는지도 상관없다.

가장 중요한 것은 지금, 이 순간이다! 당신이 어떤 생각을 선택하고 행동하는가에 따라 당신의 운명은 바뀐다.

『퀀텀 시크릿』 책 속의 내용들은 당신의 삶에 부와 행운이 넘쳐날 수 있도록 인도할 것이다. 그렇기에 이 책을 그냥 한 번 읽고 끝내지만 말자. 이 법칙들을 나의 잠재의식 속에 체화시킬 때까지 반복하고 반복하자!

지금까지 당신이 원하지 않는 결과들만이 가득한 삶이었다면, 바로 지금부터 변화시킬 수 있다. 이제 운명의 선장으로 멋지게 퀀텀 점프를 할 준비가 되었는가?

행복한 부자로 훨훨 비상할 당신의 아름다운 모습에 뜨거운 응원을 보낸다.

조성희, 마인드파워 스쿨 대표
밥 프록터의 한국 유일 비즈니스 파트너

☒

양자역학을 이용한
과학적 소원 실현법

여러분이 이 책을 펼쳤다는 것은 다음과 같은 바람이 있다는 뜻입니다.

- 부자가 돼 행복해지고 싶다.
- 이상형인 연인을 끌어당겨 행복한 결혼 생활을 하고 싶다.
- 일과 사업에서 성공해 수입이 더 늘었으면 좋겠다.
- 건강하고 활력이 넘치며 설레는 하루하루를 만들고 싶다.
- 이상을 현실로 만들어 소원을 실현하고 싶다.
- 더 자유로운 시간을 확보해 원하는 일에 집중하고 싶다.

만약, 이런 바람이 있다면 이 책은 여러분에게 정말 '**꿈을 차례차례 이뤄주는 마법의 교과서**'가 될 것입니다.

저는 원래 일도 사생활도 엉망인 인생을 살고 있었습니다.

첫 결혼에서는 함께 살던 순간부터 아내와 잘 맞지 않아 하루도 빠짐없이 잔소리와 '물벼룩보다 못하다'라는 말까지 들었습니다. 그러다 4년 만에 이혼당하고 말았습니다.

직장에서도 매일 상사에게 일이 서툴다고 지적받으며 혼나기 일쑤였습니다. 매일 회사에 늦게까지 남아서 서툴고 적성에 맞지 않는 일을 하며 괴로운 나날을 보내야 했습니다.

30대 직장인인데 모아놓은 돈도 전혀 없고, 은행 통장에는 수십만 엔밖에 없는 궁핍한 생활을 해야 했습니다. '이대로 정말 괜찮을까?' 하고 하루에도 수십만 번 고민만 했습니다.

인생은 왜 이렇게 괴로울까, 더 행복하게 살 수는 없을까, 인생을 호전시킬 방법은 없을까? 우울하게 고민하던 나날이었습니다. 그러다 '뭔가 돌파구를 찾아보자'라는 마음으로 다양한 분야의 책을 읽기 시작했고, 세미나, 강연회에 참가해 더 행복하게 살아갈 방법을 찾아보기 시작했습니다.

저의 전공 분야뿐만 아니라 뇌과학, 심리학, 철학, 종교학 등 다양한 분야의 책을 닥치는 대로 읽고, 사회적으로 성공한 사람들이 살아가는 방법이나 사고방식을 배웠습니다.

그러고 나서 저는 한 가지 사실을 깨달았습니다.

그것은 '어느 분야든 공통적인 사고방식과 법칙이 있다'라는 사실입니다.

과거에 다양한 분야의 연구자와 학자, 프로나 전문가 그리고 성공한 사람들과 달인이 자신의 길이나 인생을 만들고 다지면서 얻은 결론은 모두 같았습니다. 어느 분야에서나 공통적인 생각과 법칙은 본질적이며 이 우주를 지배하는 원리 원칙이므로 그 원리 원칙에 따라 살아가면 인생을 제대로 공략할 수 있다는 것입니다.

저는 이 법칙과 원리 원칙에 따라 살아가는 실험을 나라는 존재를 사용해 스스로 시험해 보았습니다.

그러자 점차 돈, 일, 인간관계에서 많은 고민이 해결되고 생각하는 대로 이상적인 인생을 살 수 있게 됐습니다.

바로 다음의 꿈들이 이뤄졌습니다.

- 이상형인 배우자를 한 달 만에 끌어당겨 행복한 결혼 생활을 보낸다.
- 전철역과 연결되는 타워 맨션에 살면서 편리하고 쾌적한 생활을 한다.
- 비즈니스에 성공하고 직원을 고용하지 않고도 월 매출 수천만 엔을 달성한다.
- 저서가 초판 1만 7천 부의 베스트셀러가 된다.
- 시간에 자유롭고, 원하는 때에 하고 싶은 일을 한다.
- LINE 등록자가 2년 만에 12만 명, 유튜브 구독자가 3만 명을 넘는다.

게다가 지금까지 배운 성공을 위한 사고방식과 법칙을 양자역학으로 설명할 수 있다는 사실을 깨달아 '**양자역학 코칭**'이라는 최첨단 과학 코칭 기법을 확립했고, 세미나나 강연회를 통해 수천 명 이상의 사람들에게 전달했더니 저처럼 차례차례 소원을 실현하는 사람들이 잇따라 나왔습니다.

저와 코칭을 함께 했던 사람들이 보낸 기쁨의 목소리를 몇 가지만 추려봤습니다.

- 은행 잔고가 137엔뿐이었는데, 며칠 뒤에 2억 엔(20억 정도)이 되었다.
- 미션과 비전이 명확해져 창업 1년 만에 연 매출 1,300만 엔(1억 2,400만 원 정도)을 달성했다.
- 이상형인 연인을 일주일 만에 끌어당겼다.
- 인맥이 넓어지고 이성에게 인기를 얻게 되었다.
- 모아놓은 돈이 거의 없는 상태에서 빌딩 두 채의 건물주가 되었다.
- 복권을 살 때마다 당첨된다.
- 일주일 만에 할리우드 영화에 배우로 데뷔하는 꿈이 이뤄졌다.
- 나를 불안하게 만들던 고민이 사라지고 항상 평온하고 행복한 생활을 하게 되었다.

이런 후기를 읽어 보니 어떤 느낌이 드나요?

'부럽다……?'
'나는 안 되겠지.'
'어쩌다 운이 좋았던 거야.'
'어차피 열심히 하지 않으면 안 되겠지.'

이런 여러 가지 생각이 떠올랐을 것입니다.

어느 쪽이든 이 책을 읽고 있다는 사실은 여러분에게도 '무엇인가 끌어당겨 이루고 싶은 소원이 있다'라는 의미라고 생각합니다. 아마 지금까지 많은 자기계발서를 읽고 자기계발에 관한 강연에 다니며 여러 방법을 배운 분도 계실 것입니다.

- 끌어당김의 법칙
- 성공 철학과 성공 비결
- 인간관계에 관한 비결
- 비즈니스에서 돈을 버는 방법
- 투자, 자산 구축 이야기

이 세상에는 성공 법칙과 성공 비결에 대한 위와 같은 정보가 넘쳐 흘러서 배우기에 부족함이 없습니다.

그런데 이 지식을 습득한 사람만큼 성공한 사람의 수가 많을까요? 답은 'NO'입니다.

실제로 성공한 사람은 소수에 불과합니다.

그러면 왜 성공하는 사람과 성공하지 못하는 사람이 있을까요?

그것은 '알고 있다' '하고 있다' '돼 있다' '충분히 되었다'는 모두 차원이 다르기 때문입니다. 아무리 다양한 비결과 성공 철학을 배워도 알고 있기만 해서는 결과로 이어지지 않습니다. 성공하는 사람과 그렇지 않은 사람의 결정적인 차이는 '끌어당김이라는 현상이 왜 일어나는가?'를 깨닫고 그대로 실천할 수 있는가 그렇지 않은가에 있습니다.

자신의 원하는 바를 차례차례 끌어당긴 사람들은 끌어당김의 법칙의 원리에 대해 깊이 깨닫고 있기 때문에 '이렇게 하면 이렇게 된다'라는 법칙을 100% 믿습니다.

그들이 깊은 깨달음을 얻을 수 있었던 이유는 어쩌다 감각으로 체험하기만 해서가 아니라 소원이 어떻게 실현되는지를 논리적으로 이해하기 때문입니다.

예를 들어, '물체가 지면을 향해 떨어진다'라는 현상을 살펴봅시다.

이 현상은 어떤 형태로든 모두가 겪어봤을 것입니다.

그리고 '왜 떨어지는가?' 그 이유에 대해서도 '뉴턴의 만유인력의 법칙'이나 '중력이 있기 때문'이라는 지식을 갖고 있습니다.

사람은 우뇌에서 감각적으로 이해하는 현상을 좌뇌에서 논리적으로 이해했을 때, 즉 우뇌(감각)와 좌뇌(논리적 사고)가 쌍방향으로 이해하는 상태가 돼야 비로소 '깨닫는다'라고 합니다.

그러면 이러한 법칙은 어떻게 찾을까요?

자연계에는 나선 구조가 많이 보입니다.

식물의 잎은 나선계단처럼 성장합니다. 앵무조개도 소용돌이 모양으로 회전합니다. 태풍도 은하계도 나선 모양으로 회전합니다. 심지어 DNA도 나선 구조라는 사실이 알려져 있습니다. 이렇게 많은 자연물이 나선 모양으로 형성돼 있다는 점은 보편적인 자연의 법칙이라고도 할 수 있습니다.

또 태양의 주변에는 행성이 돌고 있는데, 미시세계에서도 원자의 주변을 전자가 돌고 있습니다. 지구의 주변에도 달이 돌고 있습니다. 미시세계와 거시세계의 운동도 닮았습니다.

이렇게 미시세계와 거시세계에 닮은 구조 관계가 있는 것을 '프랙털 구조'라고 합니다. 이렇게 다양한 현상에서 공통인 부분을 찾으면 자연의 법칙성을 발견할 수 있습니다.

즉, 흔히 알려진 성공 법칙이나 소원을 실현하는 방법을 과학 이론(여기서는 양자역학적 관점)과 접목해 보면 점과 점이 선으로 이어지듯 이해될 것입니다. 그리고 우리가 지금까지 배웠던 성공 법칙과 알고는 있었지만 흩어져 있던 지식, 경험들이 통합돼 비로소 '깨달음'에 도달할 것입니다.

앞의 체험담에 등장한 사람들의 이야기는 끌어당김의 법칙이나 소원 실현의 원리를 완전하게 깨달은 다음 뇌과학, 심리학, 양자역학 등을 이용한 과학적 코칭 기법에 근거한 방법(양자역학 코칭)을 실천한 결과입니다.

여러분도 마찬가지로 **양자역학을 이용한 과학적 소원 실현법**을 배우고 실천하면 지금 안고 있는 다양한 문제와 고민도 해결하고 머지않아 소원을 실현하게 될 것입니다.

그렇다면 어떻게 해서 돈도 없고, 인맥도 없고, 일도 서툴러 '물벼룩보다 못하다'라는 말을 듣는 허접한 샐러리맨이었던 제가 꿈을 차례차례 이루게 되었고, 저의 양자역학 코칭으로 소원을 실현하는 사람이 속출하게 되었을까요?

이 책에는 제가 지난 20년 동안 뇌과학, 심리학, 철학, 종교학 등을 연구해 얻은 재현성 높은 소원 실현법을 양자역학이라는 과학적인 이론에 접목해 해설한 내용을 담았습니다.

이 책을 통해 당신도 차례로 소원을 실현하고 꿈에 그리던 인생을 얻게 되기를 바랍니다.

차례 ——

| 1장 |
소원을 이뤄주는 퀀텀 시크릿

| 2장 |
부와 행운을 끌어당기는 11가지 법칙

법칙 6 몰입의 법칙

목표에 집중하면 소원 실현에 가속도가 붙는다

스페셜 칼럼 인간의 4가지 유형별 소원 실현법

법칙 7 영향력의 법칙

만나는 사람에 따라 나와 미래도 바뀐다

Quantum Secret

Quantum Secret

| 1장 |

소원을 이뤄주는
퀀텀 시크릿

성공에는 비밀이 없다. 성공한 사람치고
성공에 대해 말하지 않은 사람을 본 적 있는가?

- 킨 허버드

양자역학이란

양자역학이란 무엇일까요?

양자역학이라는 단어를 얼핏 들으면 어렵게 느껴집니다. 하지만 양자역학은 우리의 생활에 무척 밀접한 존재입니다. 예를 들면, 휴대전화나 컴퓨터 등은 반도체 기술의 발전에 따라 전 세계에 보급되었는데, 이 반도체 기술은 도라에몽이 쓰는 통과 후프처럼 전자가 벽을 통과하는 현상인 양자 세계의 터널 효과를 활용합니다.

DVD, 레이저, 디지털카메라도 양자역학의 이론 없이는 있을 수 없습니다. 게다가 양자 컴퓨터나 양자 텔레포테이션과 같이 앞으로 발전될 기술도 있습니다.

물리학은 크게 두 분야로 나뉩니다. 한 가지는 고전역학, 그리고 나머지 하나는 양자역학입니다. 고전역학은 눈에 보이는 거시세계에서 성립하는 자연법칙을 탐구하는 학문입니다. 예를 들면, 공이 포물선 상에 그리는 궤도를 예측하거나 사과가 땅에 떨어지는 현상을 확인하고, 이 운동 법칙을 해명하는 과정이 고전역학입니다.

반면, 양자역학은 눈에 보이지 않는 미시세계에서 성립하는 자연의 법칙을 탐구하는 학문입니다. 예를 들어, 사과를 잘게 자르면 어떻게 될까요? 사과주스가 됩니다. 주스는 대부분이 물 분자로 이뤄져 있습니다. 물 분자 H_2O를 잘게 분해해 보면, 수소 원자 'H' 2개와 산소 원자 'O' 1개로 구성돼 있습니다.

원자는 그 중심에 원자핵이 있고, 그 주위를 전자가 빙글빙글 돌고 있습니다. **모든 물질은 계속해서 잘게 쪼개면 분자가 됩니다. 분자는 원자로 구성되고 전자, 중성자, 양성자로 이뤄져 있습니다.** 그리고 중성자와 양성자 속에는 쿼크라고 하는 3개의 소립자가 존재합니다. 소립자란, 더 잘게 나눠지지 않는 물질을 구성하는 최소 단위를 말합니다.

우리가 입는 옷, 사용하는 컴퓨터, 사는 집, 우리의 신체도 사실 모두 **미시세계에서는 같은 소립자로 구성돼 있습니다.**

모든 물질이 같은 소립자로 구성돼 있다니, 이상하지 않습니까?

우리의 신체를 구성하는 소립자와 옷, 가구, 집 같은 사물을 구성하는 소립자가 같다니 쉽게 믿기 어려울 것입니다.

소립자의 조합에 따라 식물이나 동물이 되기도 하고 사람이 되기도 하며 다양한 사물이 된다면, 우주에 있는 각종 생명체나 동물, 식

표1 **물질의 구성**

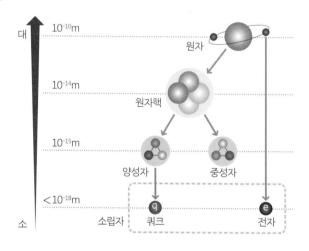

참고: 도쿄대학 소립자 물리 국제연구센터 제공

물, 인간 모두가 보이지 않는 소립자의 바다에 연결돼 있다는 것이 겠죠.

이렇게 **원자와 전자, 소립자 등 눈에 보이지 않는 미시세계 자연의 움직임을 탐구하는 학문이 양자역학**입니다. 다시 말해, **보이지 않는 세계를 해명하는 학문**입니다.

모든 것은 에너지로 설명할 수 있다

양자역학에서 양자는 입자와 파동의 성질을 모두 가진 매우 작은 물질 또는 에너지의 최소 단위입니다. 즉, 만물의 근본은 에너지로 이뤄져 있다는 말입니다.

이 세상의 구성을 단순하게 생각하면, **보이는 세계와 보이지 않는 세계**로 나눌 수 있습니다.

예를 들어, 보이는 세계는 물체나 물질처럼 질량이 있으므로 알베르트 아인슈타인(Albert Einstein)의 에너지와 질량의 관계식으로 설명합니다.

아인슈타인은 특수상대성 이론에서 다음의 식을 도출했습니다.

$E = mc^2$

E는 에너지, m은 물질의 질량, c는 빛의 속도입니다.

이 식은 에너지가 있는 것은 물질로 변환할 수 있고, 물질은 에너지로 변환할 수 있음을 의미합니다. 즉, 이 식을 활용하면 질량이 있는 물체의 에너지양을 알 수 있다는 말입니다.

빛의 속도는 초속 약 30만 킬로미터로 일정하므로 에너지는 물질의 질량에 비례합니다.

한 가지 예를 더 들어보겠습니다. 1그램짜리 1엔 동전의 에너지양은 0.001킬로그램×초속 약 30만 킬로미터의 제곱이므로 약 90조 줄(J)입니다. 히로시마에 떨어진 우라늄 원자폭탄의 에너지양이 60~70조 줄로 알려져 있으므로, 그의 약 1.5배가 됩니다.

마찬가지로 체중을 측정하면 우리가 가진 에너지양도 알 수 있습니다. 이 방법으로 계산하면 우리는 상당한 에너지양을 가지는 셈입니다.

질량을 가진 물체는 모두 무게를 측정하면 에너지양을 알 수 있습니다.

그러면 눈에 보이지 않는 세계의 에너지양은 어떻게 알 수 있을까요?

1905년에 아인슈타인은 '빛은 입자로 이뤄져 있다'는 광양자 가설(light quantum hypothesis)을 확립했습니다. 그리고 1923년에 미국의 물리학자 아서 콤프턴(Arthur Compton)이 빛이 금속에 닿을 때 방출되는 콤프턴 효과에 의한 에너지 식에서 빛의 입자성을 증명했습니다.

빛의 입자가 금속에 닿아 방출되는 에너지양은 다음 식으로 나타냅니다.

$E = hv$

E는 에너지, h는 플랑크 상수, v(뉴)는 주파수입니다.

h는 플랑크 상수로 일정한 값이므로, 에너지는 주파수에 비례합니다. 주파수란, 1초 동안 파동이 진동하는 횟수를 뜻하며 진동수라

고도 합니다. 이 식을 보면 진동수나 주파수가 높을수록 에너지가 높고, 진동수나 주파수가 낮을수록 에너지가 낮습니다.

예를 들면, 긴 줄넘기를 1초 동안 많이 돌리면 주파수가 높아지고 에너지도 높아집니다. 천천히 돌리면 에너지는 낮아집니다.

눈에 보이지 않는 세계는 이 에너지와 주파수의 관계식으로 표현합니다. 눈에 보이지 않는 세계에서 X선과 적외선, 자외선과 같은 전자파는 실체가 없기 때문에 파동과 같은 성질을 가지며, 주파수로 표현합니다.

보이는 세계와 보이지 않는 세계를 조금 더 다양하게 분류해 봅시다.

사람이라면 보이는 세계는 육체이고, 보이지 않는 세계는 마음이나 감정일 것입니다. 육체는 눈에 보이므로 질량의 식으로 표현하고, 마음은 눈에 보이지 않으므로 주파수의 식으로 표현합니다.

우리가 살아가는 환경에서 눈에 보이는 것은 돈, 집, 옷과 같은 물질입니다. 반면, 눈에 보이지 않는 것은 의식, 감정, 사고와 같은 정신적인 부분입니다. 그러므로 보이는 세계는 물질세계, 보이지 않는 세계는 정신세계라고도 할 수 있습니다.

음양학에서 보이는 세계는 '형태', 보이지 않는 세계는 '기(氣)'로 표현하며, 보이는 세계는 양, 보이지 않는 세계는 음으로 나타냅니다.

이렇게 보이는 세계와 보이지 않는 세계를 물리학적으로 해명해 보면 『반야심경』의 색즉시공도, 나아가 이 세상도 저세상도 모두 다음 2가지 에너지로 표현할 수 있습니다.

보이는 세계 …… $E=mc^2$
보이지 않는 세계 …… $E=hv$

보이는 세계와 보이지 않는 세계를 분류해 정리하면 〈표2〉와 같습니다.

표2 보이는 세계와 보이지 않는 세계

보이는 세계 (Visible)	보이지 않는 세계 (Invisible)
입자	파동
양	질
$E=mc^2$	$E=hv$
육체	마음
양	음
돈, 집, 옷	의식, 감정, 사고
물질세계	정신세계
색	공
형태	기
이 세상	저세상

단 5%의 의미

―――――●―――――

'5%'는 어떤 수치일까요?

이것은 저의 체지방률이 아닙니다! (웃음)

사실 이 5%는 우주 전체에서 보이는 세계의 비율입니다.

도쿄 대학 우주방사선 연구소의 자료에 따르면, **우주에서 눈에 보이는 물질은 단 5%밖에 안 됩니다.** 나머지 27%의 **보이지 않는 물질을 암흑물질**(dark matter)이라고 하며, 68%의 **보이지 않는 에너지를 암흑에너지**(dark energy)라고 합니다.

암흑물질이나 암흑에너지라는 단어는 영화나 애니메이션에서 등장하는 악역이나 어둠의 조직 같은 느낌이 들기도 합니다. 그래서 '다크'나 '암흑'이라는 단어 때문에 이 우주가 어둠의 세력이나 어둠의 조직에 지배당하는 상상을 하는 사람도 있겠죠.

하지만 안심하세요. 암흑물질이나 암흑에너지가 인류에게 위협을 가져올 일은 없습니다.

그러면 도대체 '눈에 보인다'는 말은 무슨 뜻일까요?

표3 우주의 조성 비율

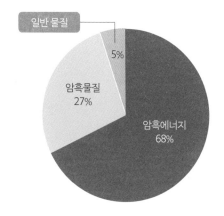

일반 물질

5%

암흑물질
27%

암흑에너지
68%

출처: 도쿄 대학 우주선 연구소 XMASS 데이터

사람은 물체를 볼 때 색을 식별합니다. 사과와 딸기는 붉은색, 맑은 하늘은 파란색, 나뭇잎은 초록색, 레몬은 노란색으로 보인다고 생각합니다.

왜 그렇게 보일까요?

물체는 태양이나 형광등의 빛을 받으면 특정 색만 반사하는데, 그 반사된 색이 눈의 망막을 통해 전기신호로 바뀌고 뇌에서 이미지로 비춰집니다.

눈에는 파란색, 초록색, 빨간색의 빛을 판별하는 센서 역할을 하는 세포(시세포)가 있고, 각 색의 빛을 감지하는 비율로 색이 결정됩니다.

예를 들어, 시세포가 눈에 들어온 빛에서 파란색만 감지하면 파란색이라고 판별하고, 초록색과 빨간색 2가지를 감지하면 노란색으로 판별합니다. 파란색, 초록색, 빨간색을 모두 감지하면 흰색으로 판별하고, 파란색, 초록색, 빨간색 무엇도 감지하지 않으면 검은색으로 판별합니다. 파란색, 초록색, 빨간색의 빛으로 색을 판별하기 때문에 이 3가지 색을 빛의 삼원색이라고 합니다. 사과가 빨간색으

표4 눈에 보이는 원리

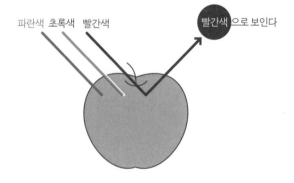

파란색 초록색 빨간색   빨간색으로 보인다

로 보이는 이유는 사과가 빨간색 빛만 반사하기 때문입니다.

반면, '눈에 보이지 않는다'라는 말은 빛이 닿아도 전혀 반사되지 않아 지구에서 관측할 수 없는 완전한 암흑을 뜻합니다. 즉, 암흑물질과 암흑에너지는 그 존재는 확인됐지만, 현재의 관측 기술로는 전혀 관찰할 수 없으므로 수수께끼입니다.

빛에 반사되는 것은 눈에 보이지만, **빛에 반사되지 않은 완전히 어두운 물질과 어두운 에너지라서 암흑물질, 암흑에너지라는 이름이 붙여졌습니다.**

그러면 어떻게 해서 관찰할 수 없는데 존재한다는 사실을 알 수 있을까요?

바로 뉴턴의 만유인력의 법칙 덕분입니다.

만유인력의 법칙에 따르면 **모든 물질은 질량이 있는 한 서로 눈에 보이지 않는 인력으로 끌어당깁니다.** 예를 들면, 당신과 당신이 사용하는 컴퓨터 사이, 당신과 텔레비전 사이, 당신과 당신의 가족 사이에도 눈에는 보이지 않는 인력이 서로를 끌어당깁니다.

1970년대 후반, 나선은하의 회전 속도 분포가 관측돼 은하 내의 밝은 별이나 성간가스가 아닌 빛으로는 관측할 수 없지만 중력이 감지되는 물질의 존재도 입증됐고, 우주 공간에도 똑같이 **광학적으로** **는 보이지 않지만 은하계의 회전운동에 인력의 영향을 주는 물질**이 있다는 사실이 계산상으로 확인됐습니다.

관측되지 않지만 중력의 영향을 받는 무엇인가 존재하는데 무엇인지 밝혀지지 않은 수수께끼의 물질이 바로 암흑물질입니다.

암흑에너지는 우주의 팽창을 가속하는 원인이 되는 미지의 에너지입니다. 우주는 대부분 보이지 않는 물질과 보이지 않는 에너지로 구성돼 있습니다.

즉, 우주에서 과학으로 해명된 부분은 단 5%뿐입니다. 남은 95%는 아직 해명되지 않았습니다.

인간은 빨간색, 주황색, 노란색~파란색, 남색, 보라색까지 소위 무지개 색의 세계인 가시광선이라는 전자기파 에너지의 특정 범위 (380nm~780nm) 내의 파장에 해당하는 빛만 봅니다. 빨간색의 바깥쪽에는 적외선, 보라색의 바깥쪽에는 자외선이 있습니다.

우리는 적외선이나 자외선을 볼 수 있을까요? 대답은 NO입니다.

우리 인간은 가시광선 외의 주파수를 가지는 전자기파 에너지를 볼 수 없습니다. 그러나 뱀은 적외선을 보고, 곤충은 자외선을 봅니다. 이는 같은 생물이라도 보이는 세계가 완전히 다르다는 말입니다.

그 밖에도 X선과 라디오 주파수(장파, 단파 등) 등 다양한 전파가 공중에 날아다닙니다. 우리는 대부분이 눈에 보이지 않는 전자기파의 에너지 속에서 살아갑니다.

그러면 가시광선과 적외선, 자외선 같은 전자기파의 차이는 무엇일까요?

바로, 전자기파의 파장입니다. '파장'이란 전자기파 하나의 파동의 길이(마루에서 마루 또는 골에서 골의 길이)입니다. 이 길이의 차이를 우리는 색의 차이나 소리 높이의 차이로 인식합니다.

빛은 넓은 의미로 전자기파의 한 종류입니다. 통신에 사용하는 전파나 리모컨에 사용하는 적외선, 피부가 타는 원인이 되는 자외선 등이 모두 전자기파이고, 모두 '파장'이라는 파동의 간격에 따라 성질이 다릅니다.

사람의 눈은 전자파 중에서 가시광선이라는 한정된 범위의 파장대만 봅니다. 이 가시광선의 파장대를 파란색, 초록색, 빨간색의 조합으로 인식합니다.

반면, 인공위성은 자외선과 적외선, 전파를 인식하는 센서를 탑재해 사람의 눈으로는 알 수 없는 지구의 모습을 볼 수 있습니다.

평범한 생활만으로도 이렇게 보이지 않는 전파에 둘러싸여 살아간다는 사실을 이해하고 받아들이기는 그다지 어렵지 않을 것입니다.

일반적으로 사람은 보이는 것만 믿는 경향이 있습니다. 하지만 우주물리학의 관점이나 전자기파의 관점에서는 보인다는 것은 아

표5 전자파와 에너지의 관계

에너지가 낮다(파장이 길다) ← → 에너지가 높다(파장이 짧다)

전파			적외선	가시광선	자외선	진단용 X선	치료용 X선, 감마선
단파	초단파	마이크로파					

전자레인지   뱀에게는 보인다   곤충에게는 보인다

파장이 길다 ← → 파장이 짧다

파장 = 100미터 ••••• 1밀리미터 ••••• 1마이크로미터 ••••••••••• 1마이크로미터의
(1밀리미터의 1,000분의 1)   100만분의 1

주 일부일 뿐입니다.

그리고 대부분이 보이지 않는 세계에서 이뤄져 있다는 사실을 받아들이면 보이지 않는 세계를 이해하는 것이 얼마나 중요한지를 알 수 있습니다.

이것은 인간관계에서도 마찬가지입니다.

인간관계의 문제 대부분은 자신이 인식하지 못하는, 상대의 보이지 않는 부분이 원인인 경우가 많습니다.

사람은 표면적으로 보이는 말과 행동만으로 상대를 판단하거나 평가하지만, 사실 상대를 모두 이해하지 못하고 '이 사람은 짜증나는 사람이다' '너무 나쁜 사람이다'라고 함부로 평가하기도 합니다. 이렇게 생각하면, 인간관계를 구축할 때도 일부의 보이는 정보뿐만 아니라 보이지 않는 부분을 이해하려는 자세를 가져야 할 것입니다.

영성이란 과학으로 해명되지 않은, 눈에 보이지 않는 세계를 말합니다. **양자역학은 바로 보이지 않는 세계를 과학적으로 접근하는 학문**입니다. 즉, 눈에 보이지 않는 세계를 탐구하는 양자역학을 사용하면 지금까지 해명되지 않았던 영적 세계도 해명 가능합니다.

이처럼 보이는 세계보다도 이 우주의 대부분을 지배하는 보이지 않는 세계와 양자역학을 공부하면 세상의 원리를 알고, 자유자재로 소원과 목표를 이루는 방법에 이를 수 있습니다.

지금부터 이상적인 인생을 만들기 위해 '보이지 않는 세계의 불가사의'에 대해 알아보겠습니다.

신기한 표면의식과 잠재의식의 세계

"우주에서는 눈에 보이는 물질의 비율이 5%, 눈에 보이지 않는 물질과 에너지의 비율이 95%이다."라는 글을 읽고 무엇이 떠오르나요?

사실 우주의 구성과 심리학에서 의식의 구성은 무척 비슷합니다. 심리학의 세계에서 의식은 크게 3가지로 나뉩니다.

첫째, 평소에 우리가 자각하는 **표면의식**입니다. 생각하고 판단하고 무엇인가를 바랄 때는 표면의식을 사용합니다.

둘째, 자각은 없지만 말이나 행동에 영향을 주는 **잠재의식**입니다. 다른 말로 무의식입니다.

셋째, 개인을 넘어선 인류 공통의 무의식 영역인 **집합 무의식입**니다.

뉴로마케팅의 세계적 권위자인 A. K. 프라딥(A.K. Pradeep) 박사의 저서인 『바잉브레인』에 실린 신경과학 연구에 따르면 "**사람 뇌의 정보처리는 95%가 잠재의식으로 이뤄진다.**"라고 합니다. 즉, 사람은 95%의 잠재의식으로 움직인다는 말입니다.

잠재의식은 우리의 생명 유지 기능과도 깊게 연관돼 있습니다.

당신은 의식적으로 눈을 깜박입니까?
당신은 심장의 펌프를 의식적으로 움직입니까?
바이러스에 감염되면 의식적으로 항체를 체내에 분비합니까?

이런 움직임은 당연하게도 모두 무의식적으로 잠재의식의 영향에 따라 작용합니다.

잠재의식은 인체를 지키기 위해 존재하는 방어 본능입니다.

더 친숙한 예로 설명해 보겠습니다.

현관 앞에서 신발을 신을 때 오른쪽 발부터 신는지, 왼쪽 발부터 신는지 기억하나요?

회사나 학교에 갈 때 어떻게 걸어서 어떤 경로를 통해 가는지 기억하면서 걷나요?

아마 대부분 무의식적으로 걷고 있지 않은가요?

이렇게 **잠재의식은 무의식으로 우리의 행동을 지배합니다.**

 표면의식과 잠재의식

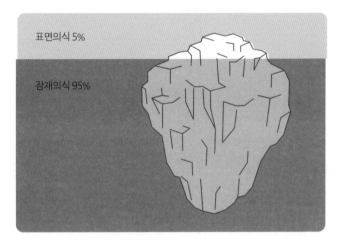

표면의식 5%

잠재의식 95%

스위스의 유명한 심리학자인 칼 융(Carl Gustav Jung)은 **"의식 전체를 큰 빙산으로 비유하면, 대부분이 바다 밑에 가라앉아 있는 잠재의식이다. 인간이 스스로 의식하는 표면의식은 바다 위에 얼굴을 내민 극히 일부뿐이다."**라고 말했습니다.

우주의 구성도, 의식의 구성도 보이는 부분은 단 5% 정도이고, 나머지는 거의 보이지 않는 부분입니다.

여러분도 직장에서 보여주는 모습은 극히 일부인 빙산의 일각이며, 가정에서의 모습은 직장에는 거의 알려지지 않았을 것입니다.

사람에 따라서는 가족에게 보여주기에는 곤란한 취미를 가진 사람도 있을 것이고(웃음), 어른이 되면 남에게 솔직하게 말하기 어려운 고민도 생길 것입니다. 그렇게 생각하면 다른 사람에게 보이는 자신은 극히 일부분일지도 모릅니다.

소립자는 파동과 입자로 이뤄져 있다

물리학에서 가장 아름답다고 일컬어지는 실험을 알고 계시나요?

1807년에 영국의 물리학자 토머스 영(Thomas Young)의 **이중 슬릿**

(double-slit) **실험**입니다.

토머스 영이 이 실험을 한 이유는 빛의 정체가 파동인지 입자인지를 증명하기 위해서였습니다. 실험의 내용은 광원과 스크린 사이에 이중 슬릿을 설치해 빛이 어떻게 나아가 스크린 위에 투영되는지 확인하는 것입니다.

실험에서 빛은 '중첩(superpostion)'돼 '간섭 현상'이 일어나면서 스크린 위에 간섭무늬가 나타났습니다.

파동이 합쳐져서 강해지면 빛은 밝아지고, 합쳐져서 약해지면 어두워져 흰색과 검은색의 줄무늬가 만들어졌습니다.

표7 이중 슬릿 실험

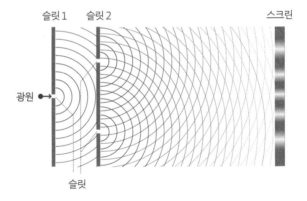

표8 파동의 파장

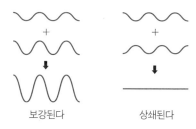

보강된다   상쇄된다

이를 통해 빛은 파동의 성질을 가지고 있음을 알게 되었습니다.

- 마루와 마루가 겹치면 보강된다 → 스크린이 밝아진다
- 마루와 골이 겹치면 상쇄된다 → 스크린이 어두워진다

나중에 영국의 물리학자 제임스 맥스웰(James Clerk Maxwell)이 '빛은 전자기파라는 파동의 성질을 가진다'는 사실을 밝혀 물리학자 사이에서는 파동설이 주류가 되었습니다. 그러다 1905년에 아인슈타인이 '빛은 에너지의 작은 덩어리인 입자이다'라는 광양자 가설을 주장하고 1923년에 미국의 물리학자 아서 콤프턴이 이 가설을 실증해, 특이하게도 '빛은 파동이면서 입자이기도 하다'라는 결론에 이르렀습니다.

즉, 빛은 파동의 성질과 입자의 성질 2가지를 모두 가진다(이중성)는 사실이 밝혀졌죠.

프랑스의 물리학자 루이 드브로이(Louis de Broglie)는 "이러한 이중성은 입자라고 생각했던 다른 물질에도 적용되지 않을까?"라는 고민을 했고, 입자인 전자를 파동으로 다루는 이론과 일치함을 알게 되었습니다. 그 결과, 미시 입자는 파동성이 있다고 보고 물질파(드브로이 파동) 이론을 주장했습니다.

기술이 진보해 현대에는 영의 이중 슬릿 실험과 똑같은 실험을 전자에 적용해 실행할 수 있게 됐습니다. 이 실험에서는 전자총으로

표9 **전자총을 이용한 이중 슬릿 실험**

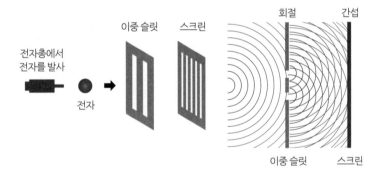

전자를 하나씩 쏘면 전자가 2개의 슬릿(틈새)을 통과해 스크린에 간섭무늬가 비칩니다.

이 실험에서 입자라고 생각했던 하나의 전자가 2개의 슬릿을 똑같이 동시에 통과해 간섭무늬를 만드는 신기한 현상도 확인됐습니다.

그런데 완전히 똑같은 실험을 하면서 관측 장치를 설치하거나 누군가가 관측하려고 하면, 스크린에는 간섭무늬가 생기지 않고 전자가 입자처럼 움직여 2개의 슬릿을 똑바로 통과한 흔적만 스크린 위에 남습니다.

표10 파동과 입자의 관측 문제

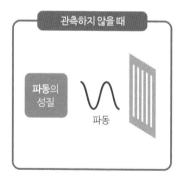

아무도 없는 곳에서는 파동처럼 움직이고, 누군가가 관측하면 입자처럼 움직인다는 점에서 전자와 같은 소립자는 이중성을 가진다고 할 수 있습니다. 이렇게 관측하려는 행위가 소립자의 활동에 영향을 주는 현상을 **관측 문제**라고 합니다.

비슷한 상황을 예로 들자면, '무궁화꽃이 피었습니다'와 비슷합니다. 소립자는 아무도 보지 않으면 자유롭게 움직이지만, 보기 시작하는 순간 멈춰버립니다.

상사가 보지 않을 때는 계속 웹서핑만 하면서 느긋하게 일하다가, 상사가 볼 때는 성실하게 일하는 직장인과도 비슷합니다.

아무도 보지 않을 때는 축 늘어져 있다가, 누군가가 볼 때는 단정한 모습이 되는 것도 파동과 입자의 예로 생각하면 공감이 되실 겁니다.

정리해서 말하면, **관측되지 않는 소립자는 파동의 성질을 가지며, 관측되는 소립자는 입자의 성질을 가집니다.** 그러므로 양자역학적으로는 보이는 세계는 입자성이 있고, 보이지 않는 세계는 파동성을 보입니다.

앞에서 말한 것처럼 우주는 눈에 보이는 물질, 눈에 보이지 않는 암흑물질과 암흑에너지로 구성돼 있습니다.

전자기파는 눈에 보이는 가시광선과 눈에 보이지 않는 가시광선 이외의 전자기파(X선, 감마선, 전파 등)로 구성돼 있습니다.

의식은 인간이 인식하는 표면의식, 인식하지 못하는 잠재의식과 집합 무의식으로 구성돼 있습니다.

우주에는 보이는 세계와 보이지 않는 세계가 있는데, 두 세계 모두 에너지로 이뤄져 있습니다. 이것을 양자역학의 관점에서 정의하면

- 보이는 세계 = 입자성
- 보이지 않는 세계 = 파동성

이라고 하겠죠.

그리고 이 이중성의 성질을 이용해 소원 실현의 원리를 설명할 수 있습니다.

양자역학적 소원 실현의 원리

지금부터는 드디어 소원 실현의 원리를 양자역학의 관점에서 이야기해 보겠습니다.

소립자는 관측되기 전까지는 파동의 성질을 가지며, 관측되면 입자가 되는 이중성이 있다고 했습니다.

의식, 이미지, 사고, 감정은 눈에 보이지 않으므로 파동의 성질을 가집니다. 반면, 물질이나 현실은 관측할 수 있으므로 입자의 성질을 가집니다.

따라서 의식, 이미지, 사고 등 눈에 보이지 않는 것이 관측되면 물질화되고 현실화됩니다.

그렇다면 **소원 실현은 눈에는 보이지 않는 의식, 이미지, 사고가 '인식, 관측'을 통해 현실이 되면서 가능**해집니다.

불확정성 원리(uncertainty principle)를 제안한 독일의 물리학자 베르너 하이젠베르크(Werner Karl Heisenberg)는 "파동 상태(가능성 영역)에서 의식이 어떤 물질이나 사건을 인식하면 가능성이었던 그 물질이나 사건은 가능성 영역에서 물리 세계로 나갑니다."라는 말로 어

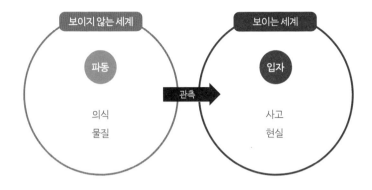

표11 소원이 현실화되는 원리

떤 일이 현실화되는 원리를 설명했습니다.

이 양자역학적 소원 실현의 원리를 사용하면, 생각이 구체적으로 실현되는 프로세스도 다음과 같이 설명됩니다.

1단계 : 의식한다

이상적인 상태를 의식한다.

예: 살고 싶은 이상적인 집을 의식한다.

2단계 : 이미지가 떠오른다

의식하면 이미지가 떠오른다.

예: 새하얀 단독주택에 정원이 있는 집을 떠올린다.

3단계 : 사고가 작용한다

이미지가 떠오르면 사고가 작용한다.

예: 새하얀 단독주택을 지으려면 어떻게 해야 할까?

어느 정도 돈을 모아야 할까?

4단계 : 구체적인 행동이 명확해진다

사고가 작용하면 그에 따라 해야 할 일이 명확해진다.

예: 단독주택을 짓는 데 돈이 얼마나 들지 견적을 낸다.

5단계 : 실행한다

실제로 행동해 현실이 이상에 가까워진다.

예: 매달 10만 엔을 저축해 연간 120만 엔을 모은다.

이것이 소원을 실현하는 프로세스입니다.

사람들은 이 프로세스를 반복해 이상을 현실로 만듭니다.

이렇게 양자역학을 이용한 실험이나 현상을 예로 들면서 '우주를 지배하는 성공 법칙'을 배우면 소원을 실현하는 비결-마음가짐이나 방법-이 놀라울 만큼 쉽게 이해됩니다.

다음 장에서 더 깊이 있게 다뤄보겠습니다.

Quantum Secret

| 2장 |

부와 행운을 끌어당기는
11가지 법칙

꿈을 향해 자신 있게 나아가고,
자신이 상상해 온 삶을 살려고 노력한다면
얼마 지나지 않아 예기치 않은 성공을 맛볼 것이다.

– 헨리 데이비드 소로

과학 세계의 원리 원칙

저는 고등학교 시절에 아버지의 일 때문에 영국에서 미국학교에 다녔습니다. 그 학교에서 운명적이라고 할 만한 은사님을 만나게 됐습니다.

은사님은 인도 사람이었는데 '이슬람 선생님'이라는 이름을 가진 물리학 선생님이셨습니다. 영국에 있는 미국학교에서 만난 인도 사람인 이슬람 선생님이라니 조금, 아니, 많이 복잡하네요(웃음).

이슬람 선생님의 물리학 수업은 상당히 재미있었고, 저는 자연의 법칙을 공부하는 데에 매료돼 2년 내내 매일 14시간을 공부했었습니다.

그 결과, 고등학교에서 물리학과 수학 성적은 최고였고, 국제규격의 교육 커리큘럼인 국제 바칼로레아 시험에서 디플로마를 취득해 런던 대학교 임페리얼 칼리지의 물리학과에도 필기시험 면제로 합격했습니다.

제가 이렇게 공부할 수 있었던 이유는 자연의 법칙을 배우는 물리학이 너무 재미있었기 때문입니다.

게다가 제가 이 정도까지 물리학에 심취하고 좋아하는 마음을 유지하며 배울 수 있었던 것은 외국에서 받았던 교육이 일본의 교육과는 크게 달랐기 덕분입니다.

현재 일본에서는 이과 기피가 문제가 되고 있는데, 그 이유 중 하나로 일본의 교육은 암기 위주 방식의 지식 편중이며 선생님이 학생들에게 주입식 답을 강요하기 때문입니다.

예를 들면, 일본 교육의 과학 실험에서는 교과서에 실험 방법과 결과가 쓰여 있고, 그 내용을 모두 아는 상태에서 실험을 행하는 경우가 많습니다.

하지만 이런 방식으로는 실험의 재미나 의의를 학생들에게 전달하기 어렵습니다.

반면, 제가 영국에서 들었던 물리학 수업의 실험에서는 이슬람 선생님이 다음과 같은 질문을 학생들에게 던집니다.

"3층 건물에서 날달걀을 떨어뜨려 깨지지 않게 해보세요. 자, 실험을 시작하세요."

어떻게 하면 3층에서 깨지지 않게 달걀을 떨어뜨릴 수 있을까요? 흔한 대답은 '부드러운 쿠션을 지면에 놓는다'는 것입니다.

같은 질문을 학생들에게 하면, 아래처럼 정말 다양한 아이디어가 나옵니다.

달걀을 발포 스티로폼 상자 안에 넣는다.
달걀을 신문지로 싼다.
달걀에 낙하산을 달아서 떨어뜨린다.
달걀 둘레에 스프링을 단다.

삶아서 떨어뜨린다.

달걀 주위를 시멘트로 굳힌다.

그리고 선생님은 학생들에게 답을 절대 알려 주지 않습니다. 사실 저도 아직 답을 모릅니다(웃음).

이런 것이 진짜 과학 실험입니다.

과학의 세계에서는 먼저 가설이나 이론을 만듭니다. 그리고 그 가설이나 이론이 옳은지 아닌지 검증하고 실험을 합니다. 가설과 검증, 이론 구축과 실험을 반복 실행해 검증해 보고, 가설이나 이론에서 같은 결과를 얻으면 그 가설과 이론은 옳다고 주장합니다.

여기서 중요한 점은 **과학의 세계는 재현성**이 있다는 사실입니다.

재현성이 있으면 누가 어디서 몇 번을 반복하더라도 같은 결과를 얻을 수 있습니다.

예를 들어, 영국 물리학자 아이작 뉴턴(Isaac Newton)이 발견한 법칙 중에 유명한 만유인력의 법칙이 있습니다.

뉴턴은 사과가 떨어지는 현상을 보고 사과가 떨어지는 이유를 생각해 봤습니다.

그리고 '만약 사과를 지면과 평행하게 던진다면 어떻게 될까?'라는 의문을 갖고 연구해 사과가 포물선을 그리며 지면에 떨어질 것이라고 추측했습니다.

게다가 뉴턴은 사과를 지면과 평행하게 지구 주위를 한 바퀴 돌정도로 강하게 던지면, 사과는 지구를 공전하는 달처럼 움직일 것이라는 가정도 내놓았습니다.

그 과정에서 뉴턴은 사과와 지구 사이에 작용하는 힘과 달과 지구의 사이에 작용하는 힘이 같다는 점을 깨달았고, 모든 물질에는 서로 끌어당기는 힘이 있으며 그 힘으로 인해 물체가 지구로 떨어진다는 만유인력의 법칙을 알아냈습니다.

만유라는 단어에서 알 수 있듯이 **모든 물질에 작용하는 법칙입**니다.

달걀이든 사과든 누가 어디서 몇 번을 반복해도 물체는 중력으로 인해 지면에 떨어집니다. 사과를 떨어뜨렸는데 이상하게 공중에 떠올랐다고 하는 사람은 없을 것입니다(웃음).

만유인력의 법칙은 재현성이 있고 보편적인 자연의 법칙입니다.

물리학은 영어로 Physics라고 하는데, 그 어원은 '자연'을 의미하는 그리스어의 'physis'입니다. 물리학은 이처럼 재현성이 있는 자연의 법칙을 탐구하는 학문입니다.

인생도 물리학과 마찬가지로 어떤 특정 법칙이 작용한다는 생각이 들지 않습니까?

실제로 세상에는 무슨 일을 해도 잘되는 사람과 무슨 일을 해도 잘 안되는 사람이 있습니다. 성공하는 사람은 계속해서 소원을 실현하고 이상적인 인생을 살아갑니다. 하지만 인생이 잘 풀리지 않는 사람은 무엇을 해도 잘되지 않습니다.

즉, 계속해서 소원을 실현하는 사람이나 꾸준히 성공하는 사람은 만유인력의 법칙과 마찬가지로 우주를 지배하는 법칙에 따라 살아가므로 무엇을 해도 잘됩니다. 인생을 게임이라고 생각하면 인생 게임을 공략하는 규칙이 있고, 그에 따라 살아가면 인생은 생각대로 될 것입니다.

저는 양자역학을 배우는 한편으로, **여러 경영자와 성공한 사람들이 공통으로 지닌 성공하기 위한 사고방식을 접하면서 이 우주를 지배하는 인생 공략 법칙을 11가지로 분류**할 수 있다는 사실을 알았습니다.

이 장에서는 인생을 공략하는 법칙과 소원을 실현하기 위한 우주의 법칙을 알기 쉽게 알려 주고 양자역학이라는 과학 이론을 접목해 해설하겠습니다.

이 책을 통해 여러분도 인생 게임을 공략하고 하나하나 소원을 실현해 이상적인 인생을 손에 넣기를 바랍니다.

끌어당김의 법칙

파동이 바뀌면
현실이 바뀐다

파동이 같은 물체가 공명해 현실이 바뀐다

우리는 흔히 '어떤 사람과 기가 맞다, 기가 맞지 않는다'라는 말을 합니다.

기가 맞는 사람과는 함께 있을 때 마음이 편하지만, 기가 맞지 않는 사람과는 함께 있으면 어색합니다. 이런 현상은 왜 일어날까요?

이 설명을 하기 전에 '기가 맞다'라는 말의 '기'란 무엇인지 명확히 할 필요가 있습니다. 옛날부터 동양의학에서는 '기'의 개념이 있고, 체내에는 '기'가 흐르는 경락이 있다고 합니다. '기'라는 말은 눈에 보이지 않는 어떠한 기운이라는 뜻으로 '원기' '사기' '끈기' '용기' '경기' '천기' 등 다양한 단어에 사용됩니다. 그러면 도대체 '기'란 무엇일까요?

'기'의 정체는 첨단 과학에서도 밝히지 못했지만, 양자역학의 관점에서 말하면 생명체가 발산하는 전자기장의 에너지라고 생각할 수 있습니다. 모든 물질은 원자로 구성돼 있고, 원자의 주변에는 전자가 자유롭게 떠 있습니다. 전자가 이동하면 전자기장이 발생합니다. 이 전자기장의 에너지가 바로 '기'가 아닐까요? 우주에 있는 모든 물질의 근본은 에너지로 이뤄져 있으므로 '기'는 생명체가 발산하는 에너지라고 할 수 있습니다.

기가 에너지라고 하면, $E=hv$의 공식으로 표현할 수 있습니다. E는 에너지, h는 플랑크 상수로 값이 일정합니다. v는 주파수입니다. 따라서 에너지는 주파수에 비례합니다.

주파수가 높다는 말은 파장이 짧다는 뜻입니다. 주파수가 낮다는 말은 파장이 길다는 뜻입니다. 여기서 **기란 에너지를 의미하므로 '기가 맞다, 기가 맞지 않는다'라는 말은 '파장이 맞다, 파장이 맞지 않는다'와 같은 말**이 됩니다.

모든 물질은 원자로 구성돼 있고, 원자는 물질 고유의 주파수로 진동합니다. 주파수는 1초 동안 진동하는 횟수를 말하며 **진동수**라고도 합니다.

일상에서 쉽게 접할 만한 예로, 컴퓨터를 살 때 CPU 클록 수 단위로 'GHz(기가헤르츠)'를 들어본 적이 있을 겁니다. 이 헤르츠가 진동수의 단위입니다. 기가는 10억이라는 뜻이므로 CPU의 클록 수가 3GHz라면 1초 동안에 30억 회 진동한다는 말입니다.

인간, 동물, 식물 등 모든 물질(여기서 말하는 물질이란 공간을 차지하고 일정량을 가지는 것)도, 빛이나 바람, 눈이나 지진 같은 다양한 자연현상도 보이지 않는 세계에서는 모두 고유 주파수로 진동합니다.

이 진동 때문에 생기는 움직임을 '파동'이라고 하며, 인간을 포함한 모든 물질은 고유의 파동을 발산합니다. 파동이라는 말은 영적인 의미로 흔히 말하지만, 양자역학에서는 파동 방정식이라는 단어로 사용됩니다. 파동 방정식이란 눈에 보이지 않는 미시세계에서 소립자의 움직임을 수식으로 표현한 것입니다.

이 방정식을 풀면 파동함수를 사용해 전자 등의 소립자가 원자의 어디에 존재하는지, 존재 확률을 계산할 수 있습니다.

주파수는 진동으로 발생하는 물결의 움직임을 수치화한 것이고, 파동은 물결의 움직임이나 변화의 과정을 뜻합니다. 일반적으로, 모든 것은 진동하며 파동을 발생한다고 생각해도 좋습니다. **우리의 몸을 포함한 모든 것은 진동합니다.** 파동은 음파, 뇌파, 전파, 중력파, 지진파, 해일 등 다양하게 있습니다.

1918년에 노벨 물리학상을 받은 독일의 물리학자 막스 플랑크(Max Planck)는 **"모든 것은 진동이며 그 영향이다. 현실에 어떤 물질도 존재하지 않는다. 모든 것은 진동으로 이뤄져 있다."**라는 말을 남겼습니다.

이렇게 실제로 모든 것은 진동한다는 사실은 100여 년 전에도 알려져 있었습니다.

그러면 "현실에는 어떤 물질도 존재하지 않고, 모든 것은 진동이다."라는 말은 무슨 뜻일까요? 이것은 양자역학의 최신 이론 중 하나인 '초끈이론(superstring theory)'으로 설명됩니다.

모든 물질은 소립자로 구성돼 있습니다. 소립자라고 하면 동그란 알갱이처럼 '점'의 모습을 떠올리기 쉽습니다. 하지만 이 '초끈이론'에 따르면, 전자나 쿼크 등의 소립자를 더욱 자세히 살펴보면 크기를 갖지 않는 '점'이 아니라 작은 '끈' 모양을 하고 있으며, **이 '끈'의 진동 차이에 따라 다양한 소립자나 물질이 생성된다고 합니다.** 즉, 물질을 구성하는 최소 단위인 소립자는 '알갱이'가 아니라 고무줄이나 실 부스러기 같은 '끈' 모양을 하고 있으며, 이 '끈'이 마치 바이올린의 현처럼 진동한다는 말입니다.

바이올린의 현은 진동수에 따라 다양한 음색을 연주합니다. 즉, 이 음색의 차이가 다양한 소립자와 물질을 만들어냅니다.

자연계에는 업쿼크, 다운쿼크, 전자, 광자 등 열일곱 종류의 소립자가 있는데, 이 이론을 활용해 전자나 쿼크 등의 소립자를 더욱 자세히 살펴보면 고무줄이나 실 부스러기 같은 '끈'이 있고, 그 '끈'의

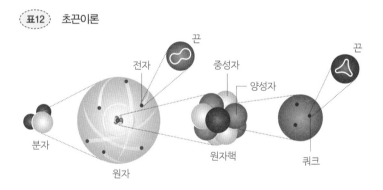

표12　초끈이론

분자　원자　전자　끈　원자핵　중성자　양성자　쿼크　끈

진동수 차이에 따라 각종 소립자가 생성된다고 생각하면 이해하기 쉽습니다.

초끈이론이 맞다고 가정하면, **우주는 다양한 현악기가 연주하는 오케스트라의 심포니와 같은 이미지**로 인식할 수 있겠습니다.

이 이론은 가설이며, 현재의 측정 기술로는 아직 '끈'은 발견되지 않았습니다. 그러나 **초끈이론은 '모든 물질은 진동으로 성립됨'을 시사합니다.**

끌어당김의 법칙을 과학적으로 설명

'모든 것은 진동한다'라는 이론을 응용하면, 이 세상 만물을 설명할 수 있습니다.

우리는 사람들 사이의 의사소통 과정에서 '파장이 맞는다, 파장이 맞지 않는다'라는 말을 흔히 합니다. 파장이 맞으면 **공명현상**을 일으켜 금세 상대와 거리감이 줄어들고 친밀해집니다. 사람을 만날 때 좋아하는 영화나 취미가 같거나, 출신 지역이 같으면 급격히 친근감이 생깁니다. 이를 **인간관계에서 공명현상**이라고 할 수 있지 않을까요?

공명현상은 '물체가 고유 진동수와 같은 외부 진동의 자극을 받으면 진폭이 커지는 현상'으로 물리학에서는 공진이라고도 합니다.

포도주 잔의 고유 진동수와 같은 주파수로 소리를 내면 공진이 일어나 포도주 잔이 깨져버립니다. 현수교와 같은 고유 진동수로 바람이 불면 현수교가 무너지기도 합니다. 이런 현상들로 포도주 잔이나 현수교 등의 물체도 고유 진동수를 가진다는 사실을 알 수 있습니다.

사실 세상은 같은 파장이나 파동을 가진 것이 공명해 물질화돼 있습니다.

예를 들면, 같은 파장을 가진 심장 세포끼리 서로 끌어당겨 심장이 되고, 폐 세포끼리 서로 끌어당겨 폐가 됩니다. 장기이식을 할 때는 타인의 장기이므로 파장이 맞지 않아 부작용이 일어나는 경우도 있습니다.

우리가 사용하는 책상과 컴퓨터, 건물도 같은 파장의 원자나 분자가 서로 끌어당기고 있습니다. 우리 신체도 **소립자로 구성돼 있으므로 미시세계에서는 진동하고 있고, 같은 파장인 물질끼리 서로 끌어당겨 만들어져 있습니다.** 그러나 신체의 주파수는 책상이나 벽의 주파수와 파장이 맞지 않기 때문에 책상이나 벽과 합체할 수는 없습니다.

사람도 같은 가치관이나 사고방식을 지닌 사람끼리 서로 끌어당기고, **같은 성향인 친구끼리 모이는 현상**을 자주 볼 수 있습니다. 즉, 이 세상은 다양한 물질이 **같은 파장이나 진동수로 공명하고 서로 끌어당겨 현실화되었다**고 할 수 있습니다.

'끌어당김의 법칙'이나 '파동의 법칙'이 바로 이같은 원리입니다. 끌어당김의 법칙이란 플러스 파동은 플러스 현상을 끌어당기고, 마이너스 파동은 마이너스 현상을 끌어당긴다는 법칙입니다. 즉, **우리가 발산하는 주파수나 파동에 공명해 현실이 따라옵니다.**

우리가 매일 즐겁고 행복하게 지내면 만사가 원활히 진행될 것이라는 상상은 쉽게 할 수 있습니다. 우연히 좋은 인연을 끌어당기거나 우연히 좋은 일이 일어나는 경험은 다들 있을 것입니다.

반대로, 무엇인가 안 좋은 일이 있어 불안할 때 물건을 잃어버리

거나 지갑이 없어지거나 더 안 좋은 일이 계속되었던 경험은 없었는
지 한번 생각해 보세요. 예민하고 불안해할수록 안 좋은 일이 현실
화되는 것이 바로 파동의 법칙입니다.

　정말 그런 일이 생길까 의문을 가질 수도 있습니다. 사실 감정이
나 의식은 눈에 보이지 않기 때문에 $E=hv$라는 에너지와 주파수로
만 표현할 수 있습니다. 저는 감정이나 의식도 소립자처럼 진동하는
에너지이며, 전자기파 에너지의 한 종류라고 생각합니다.

　세상에는 눈에 보이지 않는 전자기파의 에너지가 난무합니다.

　예를 들어, 텔레비전 방송국에서 다양한 채널의 전파를 보내면
텔레비전 리모컨을 이용해 보고 싶은 프로그램으로 채널(주파수)을
맞춰 어느 특정 방송국의 프로그램을 볼 수가 있습니다. 라디오 방
송국 역시 수많은 라디오 전파를 보내고, 라디오를 수신하는 쪽이
듣고 싶은 프로그램의 채널에 주파수를 맞춰 특정 라디오 프로그램
을 들을 수 있습니다.

　그러면 현실 세계를 바꾸려면 어떻게 하면 좋을까요?

　바로 **의식의 채널**을 바꾸면 됩니다.

보고, 듣고, 느끼는 것도 텔레비전이나 라디오의 원리와 마찬가지로 의식의 채널을 어딘가로 맞추느냐에 따라서 현실을 바꿀 수 있습니다.

현실 세계에서도 의식의 채널이나 감정의 주파수를 목적에 맞추면, 그 의식의 에너지나 감정의 에너지와 공명해 같은 현상을 끌어당기기 때문입니다.

끌어당김의 법칙을 뇌과학과 심리학으로 설명

이러한 끌어당김의 법칙은 뇌과학이나 심리학으로도 설명할 수 있습니다.

사람의 뇌에는 망상 활성계(Reticular Activating System, RAS)라는 부위가 있습니다.

뇌는 오감을 활용해 얻은 정보 중에서 RAS라는 필터를 통해 필요한 것만을 추출해 기억합니다. 만약, 모든 정보를 기억한다면 대량의 정보처리가 필요해 뇌 기능의 한계를 넘어버릴 것입니다.

예를 들어볼까요? 지금 주위에 있는 검은색 물건을 찾아주세요. 몇 개가 있습니까?

그럼, 흰색 물건은 몇 개나 있었을까요?

검은색에 의식을 집중할 때는 검은색만 인식하기 때문에 흰색 물건을 동시에 찾기는 불가능합니다.

같은 현상을 심리학에서는 '**칵테일 파티 효과**(cocktail party effect)'라고 합니다. 파티에서 주위가 시끄럽고 소란스러워도 대화하는 상대의 목소리와 자신이 흥미를 갖고 있는 정보는 잘 들립니다. 또, 멀리서 누군가 자신의 이름을 부르면 바로 알아차리는 것도 칵테일 파티 효과입니다.

많은 사람이 저마다 자기 이야기를 하는 와중에도 좋아하는 사람의 이야기, 자기 목소리 등은 자연스럽게 귀에 들립니다. 인간은 소리를 처리해 필요한 정보만을 재구축합니다. 이야말로 RAS에 의한 필터 효과라고 할 수 있습니다.

일을 마치고 집으로 가는 전철 안에서 깜박 잠이 들어도 내려야 할 역에 도착하면 자연스럽게 눈이 떠지는 일도 신기하지 않나요? 이 역시 '칵테일 파티 효과'의 영향으로 자신이 매일 사용하는 역의 이름을 자기 이름처럼 인식하기 때문입니다.

다시 말해, 뇌과학에서도 심리학에서도 **우리가 어디로 의식을 향하고, 주의를 기울이는지에 따라 인식 가능한 영역이 달라집니다.**

따라서 좋아하는 일에 의식의 채널 주파수를 맞추면 원하는 현실을 끌어당기고, 불안한 일에 의식의 채널 주파수를 맞추면 불안한 현실을 끌어당깁니다.

항상 웃는 얼굴인 사람 주위에는 웃는 얼굴인 사람이 모이고, 우울하고 불만이 많은 사람 주위에는 마찬가지로 우울하고 불만이 가득한 사람만 모입니다. 실제로 우리가 웃는 얼굴의 파동을 발산하면 웃음이 넘치는 행복한 세계를 끌어당깁니다.

예부터 전해지는 속담 중 "웃는 얼굴에 침 못 뱉는다."나 "웃으면 복이 온다."라는 말은 정말 이치에 맞는 말입니다.

이처럼 **모든 현상과 사건은 자신이 발산하는 파동이나 주파수와 공명해 일어나는, 자기가 원인이 돼 일어나는 일**입니다.

인생이 잘 풀리지 않는 사람은 모든 일을 남이나 환경 탓으로 돌립니다.

'이런 회사에서 근무하기 때문에 월급이 적다' '상사 때문에 일이 제대로 진행되지 않는다', 이런 식으로 뭐든지 환경이나 남 탓으로 돌리는 사람의 경우에는 본인의 사고방식이 바뀌지 않는 한 현실은 바뀌지 않습니다.

반면, 인생이 잘 풀리는 사람은 모든 일을 자기가 원인이며, 자기 책임이라 생각하고 본인의 생각을 바꾸려고 합니다. 예를 들면, 월급이 적은 이유는 자기 기술이나 능력 부족이므로 좀더 자신에게 투자해 자신을 계발하려고 하며, 상사와의 일이 잘되지 않는 이유는 본인의 일 처리 방식이나 의사소통 부족 때문이라고 인식하고 행동을 바꾸니 자연스럽게 현실도 바뀝니다.

여러분은 어느 쪽이 되고 싶습니까?

환경이나 타인을 억지로 바꿀 수는 없습니다. 그러나 자기 자신은 바꿀 수 있습니다.

현실을 바꾸고 싶다면 먼저 자신의 태도는 물론, 사고방식 등 내면을 바꿔야 합니다. 내면은 눈에 보이지 않는 세계이기 때문에 주파수로 표현합니다. 그러므로 **현실을 바꾸고 싶으면 자신이 발산하는 주파수, 파동을 바꾸세요.**

이것이 파동의 법칙입니다.

• 모든 것은 진동이며, 같은 파동을 가진 것이 공명하면 서로 끌어당긴다.

• 의식의 채널을 어디에 맞추는지에 따라 현실이 바뀐다.

• 자신이 발산하는 주파수가 바뀌면 현실이 바뀐다.

+ 과제 + --

질문 ❶ 여러분이 이미 충분히 갖추고 있는 것은 무엇입니까?

질문 ❷ 여러분이 여유로운 이유는 무엇입니까?

질문 ❸ 지금 감사하는 일은 무엇입니까?

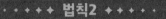

법칙2

사고의 법칙

상상한 일은
현실이 된다

생각하라 그러면 부자가 되리라

'생각은 현실이 된다'라는 말을 들어보셨나요?

나폴레온 힐(Napoleon Hill)의 저서 『생각하라 그러면 부자가 되리라(Think and Grow rich)』는 전 세계에서 1억 부 이상 팔렸습니다. 이책은 저자 나폴레온 힐이 철강왕 앤드루 카네기(Andrew Carnegie)에게 의뢰받아 500명 이상의 성공한 사람들을 인터뷰해 성공 철학을 체계화하고 정리한 내용입니다. 지금은 꽤 널리 알려진 유명한 저서입니다.

제목인 '생각하라 그러면 부자가 되리라'는 말은 '생각은 현실이 된다'는 뜻으로 영적 세계에서는 '사고의 법칙'으로 알려져 있습니다. 그 때문에 영적 이미지로 일반인들에게 보이기 쉽고, '그런 (비현실적인) 일은 있을 수 없다'라고 생각하는 분도 적지 않을 것입니다.

물론, 누군가의 생각이 현실화되거나 물질이 돼 나타나는 상황이 눈에는 보이지 않기 때문에 '좀 의심스러운' 느낌이 들기도 하겠죠.
그러나 나폴레온 힐의 저서에서도 말하듯이 이는 틀림없는 진실이며, 원리 원칙으로 알려져 있습니다. 하지만 왜 많은 사람이 믿지 못하고 활용하지도 못할까요?

수입을 더 늘려서 여유로워지고 싶다.
좀 더 이상형에 가까운 사람과 결혼하고 싶다.
사업에서 더 성공하고 싶다.

위와 같이 엄청나게 원해도 잘 이뤄지지 않는 사람이 있는 이유는 뭘까요?

'다이어트를 하고 싶다'고 매일 생각해도 성공하지 못하는 사람도 있습니다.

저 역시 체지방률 5%를 목표로 다이어트를 하려고 하지만, 눈앞에 주전부리가 있으면 금세 먹어 치워 다이어트가 잘되지 않습니다. 개인 트레이너를 고용해 운동과 식단 제한을 습관화하려고 해도 곧 싫증을 내고 포기해 버리기 때문에 일시적으로 다이어트를 해봤자 금세 요요가 찾아옵니다. 암흑물질처럼 보이지 않는 체지방이 몸에 그대로 붙어 있습니다(웃음).

아무리 표면의식에서 '다이어트하고 싶다'라고 생각해도 잠재의식에서 '맛있는 음식을 더 먹고 싶다' '운동은 귀찮다' '원하는 만큼 푹 자고 싶다' 등 표면의식과 완전히 반대로 생각해 버리면 95%의 영향력으로 다이어트를 하지 않겠다는 행동을 선택하게 됩니다.

도대체 왜 표면의식에서 했던 생각이 현실화되지 않는 걸까요?

그 이유는 표면의식이 액셀을 밟아도 잠재의식이 브레이크를 밟기 때문입니다.

예를 들어, '돈을 벌고 싶다'고 바라더라도 좀처럼 달성되지 않는 사람은 아래와 같이 자기 행동을 제한하는 고정관념이 잠재의식에서 작용하기 때문입니다.

'돈 벌기는 어렵다.'

'돈 벌기는 힘들다.'

'나는 돈을 벌 재주가 없다.'

'돈을 벌면 시샘을 받는다.'

'능력이 없으면 돈을 못 번다.'

이렇게 행동을 제한하는 관념을 '멘탈 블록'이라고 합니다.

멘탈 블록의 에피소드로 유명한 '코끼리 사슬 증후군(엘리펀트 신드롬)'을 들어보셨나요?

인도에서는 오래전부터 어린 코끼리를 훈련시킬 때, 다리에 굵은 쇠사슬을 묶어 말뚝을 박아놓고 키웁니다. 처음에는 필사적으로 도망가려고 하지만, 아기 코끼리의 힘으로는 밧줄을 끊거나 말뚝을 뽑고 도망갈 수가 없습니다.

어느새 어린 코끼리는 '도망가려고 해봤자 어차피 안 된다…'라고 생각해 도망가지 않습니다. 그렇게 자란 코끼리는 어른이 돼 밧줄을 끊기에 충분한 힘을 가져도 '예전에 해봤으니 알지. 어차피 도망갈 수 없어.'라고 생각해 가는 밧줄이나 작은 말뚝에 묶어 놓아도 더는 도망가려고 하지 않게 됩니다.

이렇게 '열심히 해봤자 어차피 안 된다'라고 생각해서 도전하려고 하지 않는 현상을 엘리펀트 신드롬이라고 합니다. 코끼리에게만 한정된 이야기가 아니라 대부분 동물에게 이런 훈련은 효과가 있습니다.

여러분도 과거의 경험이나 타인에게 들었던 말 때문에 '나한테는 무리야' '못해'와 같은 생각을 하지는 않습니까?

다이어트에 수없이 도전해도 성공하지 못하면 '나는 다이어트는 못해'와 같은 생각을 하게 됩니다.

연애에서 실패를 거듭하면 '나는 연애에는 어울리지 않아' '이상형인 이성을 만날 수 없어'와 같은 생각으로 가득 차게 됩니다.

또, 어릴 때부터 부모나 주변 사람들에게

'너는 쓸모가 없어'

'너는 이런 글자도 못 쓰니?'

'도대체 왜 제대로 못 하니?'

'좀 제대로 해'

와 같은 부정적인 말이나 꾸중을 많이 듣고 자란 사람도 있습니다.

사람은 '제대로 해'라는 말을 들으면,
'나는 제대로 못하는구나'에서 '나는 쓸모없고 가치가 없어'라고
생각해버리는 경향이 있습니다.

즉, 이런 부정적인 말을 반복해서 들으면 '나는 제대로 하는 것이
없는 쓸모없는 아이구나'라는 고정관념이 생겨버립니다.

저도 어린 시절에 아버지에게 "네 몫으로 나온 밥은 한 톨도 남기
지 말고 깨끗이 먹으렴."이라는 말을 매일 들으며 자랐습니다.

그래서 '내 앞에 나온 밥은 남기지 않고 먹어야 한다.'라는 생각이
잠재의식에 입력되었고, 아무리 다이어트를 하려고 해도 눈앞에 있
는 밥을 모두 먹어 치워 식사 양을 조절하기가 어려웠습니다.

어릴 때부터 '삼시세끼를 챙겨먹는' 습관이 든 사람은 '식사는 하
루에 세 번 해야만 한다'라는 고정관념이 생겨버립니다. 그러면 다
이어트를 할 수가 없습니다.

생각한 바가 쉽게 현실화되지 않는다고 느끼는 이유는 당신이 어
린 시절부터 거듭해 온 경험에 근거한 정보가 잠재의식에 입력돼 고

정관념이나 상식으로 행동에 제약을 주기 때문입니다.

아인슈타인은 **"상식이란 18세까지 익힌 편견의 컬렉션이다."**라고 말했습니다.

뇌과학 연구에 따르면 인간의 뇌에는 1초 동안 4,000억 비트의 정보가 잠재의식에 입력된다고 합니다. 만약, 4,000억 비트의 정보를 모두 처리하려면 그것만으로도 821년이 걸릴 정도입니다.

사람은 시각, 청각, 후각 등의 오감을 종합해 정보를 입력하지만, 모든 정보가 뇌에 기억되지는 않습니다. 살아가는 것만으로도 다양한 정보를 접하므로 모든 정보를 기억한다면 그 양이 너무 많아지기 때문입니다. 이 때문에 필터를 거쳐 최종적으로 2,000비트 정도의 정보량만 기억에 남깁니다.

즉, 우리가 어떤 정보를 접하고 어떤 경험을 하는지에 따라 잠재의식에 입력되는 정보가 달라지고, 그 정보에 맞게 편견이 만들어집니다. 그리고 그 편견대로 인생도 달라집니다.

이 원리를 충분히 이해하지 못해서, 또는 이해를 했다고 해도 현실에 적용하지 못해서 많은 사람이 '사고의 법칙'을 잘 활용하지 못한다는 함정에 빠지는 것입니다.

예를 들어, '부자가 되고 싶다'고 생각하는 사람은 표면의식으로는 부자가 되고 싶다고 생각하지만, 잠재의식에서는 '나는 부자가 되지 못할 거야'라고 생각하기 때문에 '부자가 되지 못하는 현실'을 만들도록 무의식적으로 행동합니다. 즉, **'사고를 뒷받침하는 사고(잠재의식)'가 현실을 만들어 낸다**는 말입니다.

그럼, 어떻게 하면 이런 고정관념이나 멘탈 블록을 없앨 수 있을까요?

멘탈 블록을 없애려면 자신을 제한하는 잠재의식에 새겨진 고정관념을 다시 써야 합니다.

저의 경우는 '내 앞에 나온 밥은 남김없이 먹어야 한다'라는 고정관념을 '내 앞에 놓인 밥을 남겨도 된다'로 바꿨더니 조금 모자란 듯이 식사 양을 조절할 수 있었습니다.

'식사는 하루에 세 번 해야 한다'라는 고정관념을 '식사는 하루에 한 번이나 두 번만 해도 된다'로 바꿨더니 과식하지 않게 되었습니다.

그렇다면 잠재의식은 어떻게 바꾸면 될까요? 그 힌트는 양자역학에 있습니다.

- 표면의식은 인식할 수 있으므로 보이는 의식
- 잠재의식은 인식하지 못하므로 보이지 않는 의식

이렇게 바꿔 말할 수 있습니다.

양자역학은 보이지 않는 미시세계를 해명하는 학문이므로, 잠재의식이라는 보이지 않는 의식이 무엇인지도 양자역학으로 해명할 수 있을 것입니다.

또, 양자역학을 배워서 잠재의식이나 마음처럼 보이지 않는 세계의 특징을 이해하고 **잠재의식을 제어해 자유자재로 꿈을 이룰 수도 있습니다.**

사고의 법칙을 과학적으로 설명

1장에서도 언급했듯이, 양자역학을 배우면 '만물의 근원은 에너지로 이뤄져 있음'을 알 수 있습니다. **눈에 보이거나 보이지 않는 모**

든 것은 에너지입니다. 즉, 생각이나 상상도 에너지라고 할 수 있습니다.

다시 말하지만, 이것은 아인슈타인의 유명한 식 $E=mc^2$으로 설명할 수 있습니다.

E는 에너지, m은 물질의 질량, c는 빛의 속도입니다.

이 식은, 물질은 에너지로 교환할 수 있다는 의미입니다.

가장 알기 쉬운 예를 들면, 물질이 에너지로 변환될 때는 음식을 먹을 때입니다.

음식은 신체를 움직이기 위한 에너지원이 됩니다. 음식이라는 물질이 에너지로 변환되었다는 말입니다.

그러면 에너지가 물질로 변환될 때는 언제일까요?

바로 여러분이 마음에 무엇인가를 떠올릴 때입니다.

이 세상에 있는 모든 창조물의 근원은 우리의 사고의 에너지, 또는 상상입니다. 이 세상에 있는 사물은 모두 누군가가 생각한 결과입니다.

예를 들면, 다음과 같은 설명이 성립합니다.

- 라이트 형제가 하늘을 나는 상상을 하지 않았으면 비행기는 만들어지지 않았을 것이다.
- 고대 이집트인이 피라미드를 상상하지 않았다면 피라미드는 만들어지지 않았을 것이다.
- 스티브 잡스가 아이폰을 상상하지 않았으면 아이폰은 탄생하지 않았을 것이다.

즉, 만물은 누군가의 생각의 에너지가 창조의 에너지원이 된 것입니다. 그러므로 만약 이상적인 인생을 살아가고 싶다면 먼저 **이상적인 인생을 상상해야 합니다.** 어떤 인생을 살아가고 싶은지, 이상적인 자기의 모습은 어떤 것인지 분명하게 떠올리지 못하면 그것을 창조하기 어렵습니다.

- 여러분에게 행복이란 어떤 상태인가?
- 여러분에게 성공이란 무엇인가?
- 여러분에게 가장 행복한 인생은 어떤 인생인가?

이런 질문에 대해 한번 천천히 명확하게 상상해 봅시다. 여기서 모든 것이 시작됩니다.

그러나 아쉽게도 상상만으로는 이상적인 인생을 진짜 현실로 만들기는 어렵습니다.

만약, 상상만으로도 꿈이 이뤄진다면 모두가 꿈을 이뤘을 것입니다. 1억 엔을 상상해서 1억 엔을 구할 수 있다면 누구나 억만장자가 되겠지만, 현실은 그렇지 않습니다. 상상하기만 해도 이상형인 결혼 상대를 끌어당긴다면 아무도 결혼 문제에 고민하지 않겠죠.

왜 상상만으로는 이상을 끌어당길 수 없을까요?

그 이유를 설명하려면 우선 **의도와 소원의 차이**를 이해해야 합니다. 의도란 간단하게 실현할 수 있는 일에 의식을 집중하는 것입니다.

예를 들어, 아래의 의도는 비교적 간단하게 성취할 수 있습니다.

- 오늘 저녁 식사로 카레라이스를 먹자.
- 내일은 근교에 쇼핑하러 가자.

- 오늘은 친구와 점심을 먹어야겠다.

소원이란 '되고 싶은 상태'를 말하는데, 현재 상황에 만족하지 못하거나 결핍감이 있을 때 생깁니다.
즉, 다음과 같은 이면의 뜻이 숨어 있습니다.

- 돈이 부족하다→ 돈을 더 벌고 싶다
- 속박돼 자유가 없다→ 자유를 더 얻고 싶다
- 바빠서 시간이 없다→ 여유를 갖고 싶다
- 결혼하지 않았다→ 결혼하고 싶다
- 비만이다→ 다이어트하고 싶다

현재 돈이 없어 만족하지 못하는 사람은 부자가 되고 싶다는 소원이 생깁니다. 현재 결혼하지 않은 상태에 불만이 있으면 결혼하고 싶다는 소원이 생깁니다.
의도는 '저녁에 파스타를 먹어야지' '내일은 쇼핑 가야지'와 같이 평소 생활에서 간단하게 실현할 만한 일을 떠올릴 때 생깁니다. 반면, 소원은 '1억 엔짜리 복권에 당첨되고 싶다' '연예인과 결혼하고 싶다' '연봉 1억 엔을 받고 싶다'와 같이 지금 즉시 실현이 어려운 일을 상상할 때 생깁니다.

따라서, 상상해도 쉽게 현실화되지 않는 이유는 상상은 소원이며, 지금 당장 실현이 어렵다고 느끼기 때문입니다.

소원을 실현하는 사람과 실현하지 못하는 사람의 차이

소원을 차근차근 실현하는 사람과 좀처럼 실현하지 못하는 사람에게는 어떤 차이가 있을까요?

소원을 차례차례 실현하는 사람은 다음과 같은 특징을 가집니다.

- 소원은 자연스레 실현된다고 생각한다.
- 이미 실현된 것이나 다름없다고 생각한다.
- 소원을 강하게 의식하거나 강하게 갈망하지 않는다.
- 결과를 과도하게 기대하거나 집착하지 않는다.

원래부터 경제적으로 여유로운 가정에서 자란 사람은 '경제적으로 풍족한 생활이 당연하다'라고 여기기 때문에 자연스럽게 풍족한 생활을 실현합니다. 연애 경험이 풍부한 사람은 설령 실연하더라도 다시 자연스럽게 새로운 연인을 만납니다.

반면, 소원을 실현하지 못하는 사람은 아래와 같은 특징을 가집니다.

- 결핍감이 있고, '지금은 안 된다' '어렵다'고 생각한다.
- 아무리 해도 이룰 수 없는 강한 욕구가 있다.
- 결과를 과도하게 기대하고 집착한다.
- '못한다' '어렵다' '모르겠다' '귀찮다'는 말을 습관처럼 한다.

'비즈니스 기술이 아직 부족하다'고 생각해 자격 취득을 위한 수업을 계속 듣는 사람은 비즈니스를 시작하겠다는 꿈이 쉽게 현실화되지 않습니다.

또, 경제적으로 어려운 환경에서 자란 사람은 돈이 없는 상황을 당연시하기 때문에 돈을 벌기가 어렵습니다.

어떻게 하면 소원을 잘 실현하지 못하는 사람이 소원을 차근차근 실현하는 사람이 될 수 있을까요?

바로 소원을 의도로 바꾸면 됩니다.

소원을 의도로 바꾸면 아주 간단하게 소원이 실현됩니다. 실제로 나는 코칭을 할 때 고객의 소원을 의도로 바꾸도록 이끌어줍니다.

그럼 어떻게 소원을 의도로 바꿀 수 있을까요?

상상할 때 현장감을 가지고 상상해야 합니다. 현장감을 가지고 상상할 수 있으면 현실로 만들기 쉬워집니다.

예를 들면, 근처에 있는 메밀국수 가게에서 메밀국수를 먹고 싶다고 상상할 때, 근처에 메밀국수 가게가 있으면 바로 실현할 수 있습니다.

내일 지갑 안에 천 엔짜리 지폐가 들어 있다고 상상할 수 있습니까? 천 엔 정도라면 지갑 안에 들어 있다는 상상을 하기 쉽습니다. 이렇게 간단하게 떠올릴 수 있으면 현실이 되기 쉽습니다.

하지만 동경하는 연예인과 함께 점심을 먹으러 가는 모습을 상상해 보세요. 아무리 상상해 봐도 연예인과 접점이 없으면 함께 점심을 먹는 일은 꿈일 뿐입니다.

또, 내일 수중에 1억 엔이 있으리라 상상할 수 있습니까? 실제로

1억 엔을 벌었던 경험도 없고, 1억 엔을 본 적도 없는 사람은 현실감 있게 상상하기도 어려울 것입니다.

안타깝게도 쉽게 상상하기 어려우면 실현되기도 어렵습니다. 이처럼 현장감을 가지고 이미지를 떠올릴 수 없는 일은 현실화하기 어렵습니다.

따라서 소원을 실현하기 위해서는 먼저 되고 싶은 자신이나 이상적인 삶, 꿈이나 목표에 대해 현장감을 가지고 상상하는 일이 중요합니다. 성공하는 사람은 명확한 목표나 비전을 가지고 있기 때문에 성공할 수 있는 것입니다.

상상과 에너지의 관계

상상과 현실화를 과학의 시점에서 생각하면 어떤 관계성으로 설명할 수 있을까요? 상상은 에너지이므로 현장감을 가지고 이상적인 상태를 떠올리면, 신체를 구성하는 소립자의 상태가 변하고 에너지의 상태도 바뀝니다.

에너지는 'E＝hv'라는 에너지와 주파수의 관계식으로 설명됩니다. 어떤 일을 상상할 때는 의식의 채널이 그 일에 맞춰지고, 텔레비전이나 라디오 채널이 바뀌듯이 에너지양을 나타내는 주파수가 바뀝니다. 이때 더 현장감을 가지고 상상하면 주파수가 높아지고, 에너지와 주파수의 관계식에서 상상에 따른 에너지양이 커집니다.

그냥 왠지 '부자가 되고 싶은데' 정도의 이미지인 경우는 애매한 주파수를 발산합니다. 애매한 주파수는 애매한 현실을 끌어당기기 때문에 구체적으로 어느 정도의 부자가 될지 알기 어렵습니다.

여행사에 가서 '어딘가 멋진 장소에 가고 싶어요'라고 애매하게 말한다면 여행사는 어디로 가고 싶은지 정확한 이미지를 떠올리지 못해 하와이, 뉴욕, 이탈리아 어디로 안내해야 할지 모르는 상황과 마찬가지입니다.

반면, 생생하게 떠올려 상상하면 에너지 밀도가 높아지고 물질화하기 쉬워집니다. 이것은 아인슈타인의 에너지 식인 $E＝mc^2$에서도 알 수 있듯이 에너지는 물질과 등가로 교환할 수 있기 때문입니다.

예를 들면, '온난한 기후에 해변이 가깝고 가족이 함께 즐길 만한 리조트에 가고 싶다'라고 현실감 있게 이미지를 떠올리면 여행사도 '하와이' '발리섬' '몰디브'와 같은 이미지를 바로 떠올릴 수 있어 구체적인 관광지를 안내하기 쉬워집니다.

정리해 보면, 다음과 같이 설명할 수 있습니다.

- 상상은 보이지 않는 세계이며, 주파수로 표현할 수 있다.
- 현장감이 느껴지게 상상하면 주파수가 높아져 에너지 밀도가 커진다.
- 에너지 밀도가 커지면 에너지와 물질의 관계식에 따라 물질화가 쉬워진다.

즉, 마음속에서 그린 이미지나 비전(보이지 않는 세계)이 명확해지고 에너지양이 클수록 현실 세계(보이는 세계)에 강하게 영향을 줍니다.

아인슈타인도 말했습니다.

"우리가 물질이라고 부르는 것은 에너지이며, 그 진동은 감각으로 인식할 수 없을 만큼 주파수가 낮다. 물질이라는 것은 사실 존재하지 않는다."

저는 이 관계성을 상상의 에너지양으로 보고 8단계로 구분했습니다. 구체적으로는 다음과 같은 단계로 설명합니다.

- 1단계 _ 절대 안 된다고 생각하는 단계
- 2단계 _ 무리라고 생각하는 단계
- 3단계 _ 어렵다고 생각하는 단계
- 4단계 _ 가능할지도 모른다고 생각하는 단계
- 5단계 _ 할 수 있다고 생각하는 단계
- 6단계 _ 쉽게 할 수 있다고 생각하는 단계
- 7단계 _ 만만하다고 생각하는 단계
- 8단계 _ 당연히 할 수 있다고 생각하는 단계

상상할 때, 그것이 어느 단계에 있는지에 따라 현실이 될지 아닐지를 판별할 수 있습니다. 1단계에서 3단계까지는 현실화가 어렵습니다. 반면, 6단계에서 8단계는 현실화 가능성이 큽니다. 무슨 일이든 만만하게 생각하면 소원은 차례차례 실현할 수 있습니다. 이것을 저는 '만만한 일의 법칙'이라고 부릅니다(웃음).

실제로, 프로 스포츠선수나 올림픽 대표선수는 연습할 때 이런 이미지 트레이닝을 적용하고 있습니다. 경기에서 이기는 장면이나 골을 넣는 장면을 반복해서 떠올리면 잠재의식에 깊이 입력돼 **뇌에서 '나는 성공할 수 있다'라는 주파수를 발산하기 때문입니다. 즉, 이미지를 떠올려 잠재의식을 바꾸고 멘탈 블록에서 벗어날 수 있습니다.**

저는 코칭을 할 때 먼저 현장감을 가지고 상상하도록 말로 유도해 나갑니다. 그러면 **이미지가 더 구체화되고, 이미지의 파동과 공명해 실제 현실로 끌어당겨지는 일이 일어나게 됩니다.**

실제로 제 코칭으로 부업의 월 매출이 반년 만에 5배가 된 사람도 있고, 단 일주일 만에 이상적인 연인을 만나게 된 사람, 할리우드 배우가 되겠다는 꿈을 이룬 사람도 있습니다. **바로 코칭으로 현장감 있는 이미지를 떠올린 효과입니다.**

뇌의 잠재의식은 현실과 상상을 구별하지 못한다고 알려져 있습니다. 예를 들어, 오른손 손바닥 위에 레몬이 있다고 떠올려 봅시다. 그 레몬을 왼손으로 꽉 눌러 찌부러뜨려서 손바닥에 레몬즙이 흘러넘치게 하고 그 즙을 살짝 입속에 떨어뜨린다고 상상해 보세요. 어떤 느낌일까요? 입안이 레몬즙으로 가득 찬 것처럼 신맛이 느껴지지 않나요? 실제로 레몬을 먹지도 않았는데도 입안이 시큼하게 느껴지는 이유는 뇌가 이미지를 떠올리기만 해도 실제 일어나는 일이라고 착각을 일으키기 때문입니다. 이로써 상상이 사람의 몸에 주는 영향이 매우 크다는 사실을 알 수 있습니다.

즉, 모든 일은 뇌에서 이미지로 일어납니다. 현실에 일어나는 일은 물질적인 것이라고 생각하기 쉽지만, **사물을 인식하고 체험하는 것은 모두 뇌에서 일어나는 이미지**입니다.

여러분은 하와이에 사는 모습을 상상하거나 억만장자가 돼 호화 저택에 사는 모습을 상상할 수도 있습니다. 이상적인 상대와 결혼해 행복한 생활을 영위하는 것도 상상할 수 있습니다. 비즈니스로 성공해 연봉 1억 엔을 달성하는 일도 상상의 세계에서는 가능합니다. 상상에 한계가 없고 파동처럼 다양한 가능성이 있습니다.

여러분은 무한한 가능성이 있는 인생의 창조주입니다. 상상은 무엇이든 자유입니다. 자유롭게 이상적인 삶을 상상해 봅시다.

꼭 여러분도 되고 싶은 모습, 이상적인 자신에 대해 현장감을 가지고 상상해 보세요. 그런 다음 이상적인 인생은 어떤 모습인지 상상해 보세요. 그것이 소원을 실현하는 1단계입니다.

- 모든 창조물의 원점은 상상이다.

- 현장감을 가지고 상상하면 현실화되기 쉽다.

- 상상으로 소원을 의도화하면 훨씬 쉽게 꿈을 이룰 수 있다.

+ 과제 +

질문 ❶ 여러분은 1년 후에 어떤 모습이 되기를 원합니까?

질문 ❷ 그 이상적인 1년 후, 이상적인 하루의 모습을 상상해서 적어보세요.

- 어떤 곳에 살고 있나요?

- 어떤 사람과 함께 있나요?

- 어떤 대화를 하나요?

- 시간을 어떻게 쓰나요?

- 어떤 성공을 이뤘나요?

- 그곳에는 어떤 향기가 나나요?

- 어떤 경치가 보이나요?

- 신체에 어떤 감각이 있나요?

- 어떤 감정이 솟아오르나요?

- 생생하고 자세하게 떠올려 보세요.

- 느낀 바를 모두 가능한 한 자세하게 적어보세요.

시간이 걸려도 괜찮습니다.

오히려 시간을 들여서 이미지가 명확하게 정해질수록 이상적인 셀프 이미지

를 구축할 수 있습니다.

_____

_____

_____

_____

_____

_____

_____

_____

_____

_____

_____

말의 법칙

말의 힘을 활용하면
꿈이 현실이 된다

상상을 현실로 만드는 방법

앞서 '사고의 법칙'에서는 상상이 현실이 된다고 했습니다. 그러나 아무리 상상해도 현실이 되기 어려운 것도 있습니다.

집에서 이상적인 연인을 상상해 봤자 '택배 왔습니다!' 하고 갑자기 집 앞에 나타날 리는 없으니까요. 자신에게 어울리는 옷을 상상한다고 해도 눈앞에 멋진 원피스가 뚝 떨어지지도 않습니다. 만약, 상상만 해도 꿈이 이뤄진다면 누구나 복권에 당첨되거나 순식간에 억만장자가 될 것입니다.

사실 열심히 상상해도 그것이 현실이 되기까지는 시간 차가 있습니다.

왜 상상한 일이 바로 현실이 되지 않을까요?

그 이유 중 하나는 만약 상상이 바로 현실이 돼버리면 현실 세계에 혼란을 초래하기 때문입니다. 예를 들어, 보험 영업사원에게 '만일을 대비해 암보험에 들어야 해요'라는 말을 듣고 '암에 걸리면 어쩌지'라고 상상하는 순간 암에 걸린다면 너무 황당할 것입니다. '저 사람 귀엽다'고 생각한 순간에 어느새 사귀고 결혼까지 간다면 주변에서 굉장히 놀랄 것입니다.

우리가 사는 3차원 물리 세계에서는 상상이 바로 현실이 되지는 않습니다. 눈에 보이는 물리 세계는 원자와 분자를 구성하는 소립자가 움직임이 거의 없고 변화하기 어렵기 때문입니다. 반면, 상상이나 생각은 눈에 보이지 않는 정신세계이므로 자유롭게 바로 변화시킬 수 있습니다.

레스토랑에서 메뉴판을 보면서 스테이크를 주문할 때를 생각해 봅시다. 상상이나 생각의 세계에서는 갑자기 주문한 요리를 취소하거나 '아니, 까르보나라를 주문해야겠다' 하고 바꿀 수 있습니다. 반면, 현실 세계에서는 스테이크를 주문한 후 음식이 나오면 '아니, 까르보나라로 바꿔주세요' 하며 뒤늦게 메뉴를 바꾸기가 어렵고, 가능하다고 해도 시간이 걸립니다.

즉, 눈에 보이지 않는 상상이나 사고, 의식 등은 수증기의 물 분자처럼 자유롭게 변화하지만, 눈에 보이는 물질과 현실은 얼음처럼 굳어 있어 변화가 어렵습니다.

그러나 단 한 가지, **상상을 현실로 바꾸는 데 걸리는 시간 차를 줄일 방법이 있습니다. 바로 언어를 사용하는 것, 다시 말해 말의 힘을 사용**하는 것입니다.

마르게리타를 아무리 상상해도 마르게리타가 현실에 나타나지는 않지만, 피자 가게에서 '마르게리타 라지 사이즈 한 판 주세요' 하고 주문하면 20분 만에 피자가 눈앞에 나타납니다. 상상이 단 20분 만에 현실이 된다니 놀랄 만한 시간 단축술입니다(웃음).

양자역학에서 소립자는 관측되지 않으면 파동의 성질(파동성)을 띠고, 누군가에게 관측되면 입자의 성질(입자성)을 띤다는 사실을 앞

에서 알았습니다. (50쪽 '이중 슬릿 실험' 참고)

양자역학적인 소원 실현의 원리를 토대로 생각해 보면, 파동 상태인 눈에 보이지 않는 이미지를 입자로 변환하면 현실화됩니다. 이것은 이미지나 사고를 가시화해 관측되는 상태로 만들면 된다는 말입니다.

즉, 이미지나 생각을 언어화하면 타인으로부터 관찰되기 좋은 상태가 되고, 그에 따라 현실화하기 쉬워집니다.

언어화에는 2가지 방법이 있습니다.

첫째는 '문장으로 쓰기'이고, 둘째는 '말로 표현하기'입니다.

왜 꿈이나 목표를 종이에 쓰면 이뤄질까

———————●———————

일본에서는 오래전부터 칠석날에 소원을 쪽지에 써서 달아놓았습니다.

신사에서는 작은 나무판에 소원을 적어 걸어두기도 합니다.

이처럼 옛날부터 행해 온 관습에는 모두 뜻깊은 의미와 이유가 있습니다.

성공한 사람들이 실천하는 습관에는 어떤 것이 있을까요?
바로 종이에 꿈이나 목표를 쓰는 것입니다.

저도 예전에 어떤 강연회에서 '종이에 꿈을 쓰면 이뤄진다'라고
배웠습니다. 실제로 종이에 꿈과 목표를 101개 썼더니 그중에서
80%가 넘게 정말 이뤄졌습니다.

'프롤로그'에도 썼지만, 이런 내용이었습니다.

- 한 달 만에 이상형인 여자 친구가 생기고, 행복한 결혼 생활을 하게 되
  었다.
- 돈이 없었는데 전철역과 연결된 타워 맨션에 살게 되었다.
- 책을 출판하고 베스트셀러까지 되었다.

왜 종이에 꿈을 쓰면 이뤄질까요?
그 이유는 종이에 쓰는 행동을 통해 막연했던 이상의 이미지가
명확해지면서 꿈이 파동에서 입자로 바뀌고 의식의 채널이 꿈이나

목표에 맞춰지기 때문입니다.

말에는 에너지가 있고, 그 에너지의 주파수에 맞게 잠재의식에 그 말이 입력됩니다. '끌어당김의 법칙'에 따라 같은 파장을 가진 것은 서로 끌어당기므로 소원이 달성되는 것입니다.

심리학적으로는 **쓰는 행위로 잠재의식에 꿈과 목표가 입력돼 필요한 정보를 찾는 행동을 하기 때문**이라고도 생각할 수 있습니다.

이때 중요한 점은 **원하는 바를 명확하게 언어화**하는 것입니다.

라멘 가게에 가서 '그냥 맛있는 라멘 주세요'라고 주문한다면 어떤 라멘이 나올지 모릅니다. 어쩌면 벌레가 들어간 라멘이 나올 수도 있고(웃음), 가게 주인이 개인적으로 좋아하는 라멘을 내놓을 수도 있습니다. 반대로, '미소 라멘 주세요, 김과 반숙 달걀 곁들여서 국물은 진하게'와 같이 자세하게 요구 사항을 말하면 먹고 싶은 라멘을, 즉 원하던 바를 얻습니다.

원하는 바를 **상상해 명확하게 말로 표현하는 것이 '끌어당김의 법칙'의 핵심**입니다. 이때 코칭은 상상을 언어화하는 일을 도와줍니다. 머릿속에 어렴풋이 떠오르는 모습을 정리해서 명확하게 언어화해 목표나 비전을 파동에서 입자로 바꾸는 과정이 바로 코칭입니다.

자, 여러분의 올해 목표는 무엇입니까?

1년 후에는 어떤 자신이 되고 싶습니까?

종이에 한번 명확하게 써봅시다.

꿈과 목표를 쓰는 '꿈 목록'을 만들 때 기억해야 할 점이 8가지 있습니다.

❶ 꿈과 목표는 가능한 한 명확하게 쓴다

꿈과 목표를 종이에 쓸 때는 자신이 원하는 것을 명확하게 씁니다. 어중간하게 쓰면 원하던 것이 이뤄져도 터무니없는 방법으로 이뤄질 수가 있습니다.

예를 들면, 어떤 사람은 꿈 목록에 '30만 엔을 갖고 싶다'라고 썼습니다. 그랬더니 정말로 30만 엔이 수중에 생겼는데, 어이없게도 교통사고를 당해 입원했고 자동차 보험금이 지급된 것이었습니다.

어떤 수단을 통해 얻고 싶은지를 명확하게 표현하지 않으면 이런 경우도 발생할 수 있으니 가능한 한 명확하게 쓰도록 합시다.

❷ 꿈 목록을 쓸 때는 주어를 명확하게 쓴다

다음은 주어를 명확하게 써야 합니다.

어떤 사람은 꿈 목록에 '책을 3개월 이내에 출판했다'라고 썼습니다. 그러자 정말로 3개월 만에 꿈이 이뤄졌는데, 본인이 아닌 친구의 꿈이었습니다. 꿈 목록에 주어를 쓰지 않았기 때문에 다른 사람의 꿈이 이뤄진 것입니다.

레스토랑에서도 식사를 주문할 때 누가 무엇을 주문하는지를 명확하게 표현하지 않으면 웨이터도 주문한 사람에게 정확한 음식을 갖다 줄 수가 없습니다.

나의 꿈 목록을 쓸 때는 '나는 OO를 실현했다'와 같이 주어를 명확하게 쓰세요. 예를 들어, '나, OOO는 책을 3개월 이내에 출판했다'라고 명확하게 주어를 써야 합니다.

기도하고 소원을 빌 때도 마찬가지입니다. 기도할 때는 이름뿐만 아니라 주소도 정확히 밝히면서 소원을 빌어야 합니다. 타인을 위해 대신 기도해 줄 때는 기도하는 사람이 타인의 이름이나 주소를 소리내어 말합니다. 이름과 주소를 명확하게 말하지 않으면, 신도 어디에 사는 누구의 소원을 들어주어야 할지 모릅니다. 인터넷 쇼핑을 할 때도 마찬가지입니다. 어디에 사는 누구인지, 이름과 주소를 정확히 적지 않으면 주문한 물건이 집에 배달되지 않습니다.

❸ 꿈과 목표는 긍정형으로 쓴다

잠재의식은 부정형을 인식할 수 없다는 특징이 있습니다.

'분홍색 나비의 이미지를 떠올리지 마세요'라는 말을 들으면 당연히 분홍색 나비를 생각합니다. 이처럼 뇌와 잠재의식은 부정형을 인식하지 못한다는 공통점이 있습니다.

잠재의식은 왜 부정형을 인식하지 못할까요?

잠재의식은 인터넷의 검색 엔진처럼 단어를 골라 검색합니다. 실제로 인터넷의 검색 엔진에 '분홍색 나비의 이미지를 떠올리지 마세요'라고 검색하면 키워드로 '분홍색' '나비' '이미지'가 검색돼 첫 화면에 분홍색 나비 사진과 이미지가 검색 결과로 나옵니다. 잠재의식도 같은 특징을 가지고 있습니다.

마찬가지로 '나는 병에 걸리지 않았다' 또는 '나는 가난하지 않았다'라고 꿈 목록에 부정형으로 쓰면 '병'이나 '가난'이라는 단어의 에너지가 잠재의식에 입력돼 버립니다. 이런 경우는 부정형으로 쓰지 말고 '나는 점점 더 건강해졌다' 또는 '나는 점점 풍요로워졌다'라고 긍정형으로 써야 합니다.

❹ 꿈과 목표는 손으로 직접 종이에 쓴다

'꿈과 목표를 컴퓨터나 스마트폰에 써도 효과가 있을까요?'라는 질문을 간혹 받습니다. 디지털 기기 사용이 흔해지니 당연한 흐름입니다.

1979년, 하버드 경영대학원에서 실시했던 흥미로운 연구에 관해 이야기해 보겠습니다. 입학생들을 대상으로 목표가 있는지 질문했는데, 그중 목표가 있고 그 목표를 종이에 쓴 학생은 전체의 3%밖에 되지 않았고, 13%는 목표가 있지만 기록하지 않았으며, 나머지 84%는 구체적인 목표가 없다고 했습니다. 10년 후인 1989년, 그 학생들을 다시 인터뷰해 놀라운 결과를 얻었습니다.

목표가 있지만 기록하지 않았던 13% 학생은 구체적인 목표가 없다고 했던 84% 학생보다 연봉이 2배가 더 높았고, 구체적인 목표를 종이에 쓴 3% 학생의 평균 연봉은 목표를 종이에 쓰지 않은 97% 학생보다 약 10배가 더 높았습니다.

세계적인 베스트셀러인 『결국 해내는 사람들의 원칙』에도 같은 이야기가 있습니다. 도미니칸 대학의 게일 매튜스(Gail Matthews) 교수는 한 심리학 실험에서 직접 손으로 꿈과 목표를 쓴 경우와 컴퓨터 키보드를 사용해 꿈이나 목표를 입력한 경우에 목표 달성률 차이가 얼마나 나는지 267명을 대상으로 실험해 봤습니다. 그 결과, 직접 손으로 목표를 쓴 쪽이 키보드를 사용해 목표를 입력한 쪽보다 42%나 목표 달성률이 높았습니다.

이유는 직접 손으로 글씨를 쓸 때 신경을 더 많이 쓰게 되므로 잠재의식에 잘 입력되기 때문입니다. **꿈과 목표는 가능한 한 손으로 직접 쓰세요.**

❺ 꿈과 목표는 완료형으로 쓴다

꿈이나 목표를 종이에 쓸 때는 어미를 '○○하고 싶다'라고 쓰면 '○○하고 싶다'라는 주파수를 발산하기 때문에 시간이 지나도 꿈을 이룰 수가 없습니다. '○○하고 싶다'라는 어미는 '아직 꿈이 달성되지 않았다'라는 상태를 잠재의식에 인식시키기 때문입니다.

'결혼하고 싶다'라고 말하면 '결혼하고 싶은 상태'를 불러오기 때문에 아무리 시간이 지나도 결혼할 수가 없다는 말입니다.

그러므로 꿈과 목표를 쓸 때는 이미 달성한 상태인 '○○을 달성했다' '○○을 실현했다' '○○을 얻었다'와 같이 완료형으로 쓰세요. 이미 달성한 상태를 쓰면 그 말의 에너지 주파수가 바뀌기 때문입니다. 달성한 상태를 쓰면 그 주파수와 공명해 정말 꿈이 실현된 상태를 불러옵니다.

'3개월 이내에 결혼하고 싶다'는 꿈이 있다면 '나는 3개월 이내에 이상형인 상대와 결혼했다'라고 쓰면 됩니다.

어미를 '○○하고 싶다'라고 쓸 때와 '○○했다'라고 쓸 때 양자역학적으로도 말의 에너지 주파수는 완전히 다릅니다. 예를 들어, '나는 올해 결혼하고 싶다'라는 사람과 '나는 3개월 이내에 꼭 결혼합니다'라는 사람이 있다면 어느 쪽에서 진심이 더 느껴질까요? 후자입니다. 이처럼 말을 사용하는 방법에 따라 상대에게 전달하는 에너지는 '완전히'라고 말할 정도로 다릅니다.

에너지는 '$E = hv$'의 식으로 표현하므로 말에 따라 주파수가 달라집니다.

❻ 꿈과 목표는 당연히 이뤄진다고 생각한다

종이에 꿈과 목표를 쓸 때는 소원은 당연히 실현된다는 마음가짐이 필요합니다.

인터넷에서 물건을 주문할 때 '주문한 물품이 오지 않으면 어쩌지'라고 걱정하지는 않습니다. '다음 달 월급이 입금되지 않으면 어쩌지'라고 걱정하는 일도 잘 없습니다. 우리가 당연하게 일어난다고 믿는 일은 더 잘 이뤄집니다.

실제로 제 지인 중에 복권을 살 때마다 평균 수백만 엔씩 당첨되는 사람이 있습니다. 그 사람에게 "어떻게 그렇게 복권이 잘 당첨되나요?" 하고 물었더니, "글쎄, 복권은 사면 당첨되는 거 아닌가요?" 하며 너무 당연한 듯 대답했습니다. 마치 상점에서 물건을 사는 것처럼 '사면 돈을 받는다'와 같은 느낌으로 복권을 사면 더 잘 당첨될 수 있습니다.

꿈 목록을 쓸 때도 마찬가지로, **이 우주는 뭐든지 이뤄주는 우주 레스토랑**이라고 생각해 보세요. 인터넷 쇼핑에서 물건을 주문할 때와 마찬가지로 **당연히 이뤄진다고 생각하고 끝까지 믿고 꿈 목록에서 주문하는 것이 꿈을 이루는 비결**입니다.

❼ 꿈 목록에는 기한을 명확하게 쓴다

만약, 여름방학 숙제 제출 기한이 없다면 숙제를 할까요?

회사에서도 마감이 없다면 일을 할까요?

아마 바로 시작하지 않는 사람이 대부분일 것입니다. **사람은 기한이 없으면 움직이지 않습니다.**

마찬가지로 꿈 목록을 쓸 때는 가능한 한 **명확하게 기한을 쓰세요.** 예를 들어, 아래와 같은 방식으로 써보세요.

- 2024년 1월까지 이상적인 연인을 끌어당겨 결혼했다.
- 2025년 4월까지 사업에 성공해 매상 3,000만 엔을 달성했다.

• 2023년 3월까지 다이어트로 10킬로그램을 감량했다.

그러면 왜 기한을 명확하게 쓰면 꿈이 더 잘 실현될까요?

기한을 명확하게 쓰면 잠재의식에 입력돼 무의식적으로 목표를 향해 행동하기 때문입니다.

만약, 직장 상사에게 '3일 안으로 이 자료를 만들어주세요'라는 지시를 받는다면, 3일 안에 자료를 작성하기 위해 어떻게 해야 할지 생각할 것입니다. 그러면 자연스레 3일 이내에 일을 끝내기 위해 행동하게 됩니다. 우주 레스토랑에도 언제까지 꿈을 이루고 싶은지 명확하게 전달되게 합시다.

❽ 정해둔 기한까지 실현되지 않으면 더 좋은 일이 일어날 것이라고 믿는다

꿈 목록을 썼는데 혹시 기한까지 꿈과 목표가 실현되지 않는다면 어떤 생각이 들까요? 실망하거나 우울해지는 사람도 있을 것입니다.

만약, 기한까지 바라던 바가 이뤄지지 않으면 더 좋은 일이 일어난다고 생각하세요. 꿈과 목표에 너무 기대하거나 집착하면 부담감 때문에 스트레스가 쌓입니다. 가벼운 마음으로 너무 기대하지 말고 꿈과 목표를 써보세요.

레스토랑에서 주문한 음식이 나오지 않을 때, 사과의 의미로 요리나 서비스를 제공해 주는 것과 비슷합니다.

우주 레스토랑도 기한을 넘기면 예상을 넘어서는 좋은 일을 이뤄 줍니다. 기한이 지나면 행운이 올 것이라 기대해 보세요.

이처럼 종이에 꿈과 목표를 쓰면 이뤄집니다. 종이에 쓴다는 행위는 신에게 주문하는 것과 마찬가지입니다. 꼭, **인생에서 이루고 싶은 꿈과 목표를 종이에 써서 신에게 주문**해 보세요.

말로 선언하면 꿈이 이뤄진다

말의 힘을 사용해 끌어당김을 가속하는 방법으로 **어퍼메이션**(확언)이 유명합니다. **어퍼메이션은 꿈과 목표를 말로 선언하고 반복해서 말해 잠재의식을 바꾸는 방법입니다.**

어퍼메이션은 서양에서 시작된 기법으로, 미국의 심리학자이자 자기계발, 능력개발 분야의 세계적 권위자이며 코칭 창시자인 루 타이스(Lou Tice)의 저서 『어퍼메이션(Affirmation)』에 자세하게 나와 있습니다.

어퍼메이션의 예는 다음과 같습니다.

- 나는 매일 점점 행복해집니다.
- 나는 매일 행복과 여유가 넘칩니다.
- 나에게 주어진 모든 일을 잘 해나가고 있습니다.
- 나는 필요한 것을 모두 가지고 있습니다.

이런 말을 매일 10~20회 소리 내어 말해 봅시다.

어퍼메이션을 소리 내어 말하고 평소에 사용하는 말을 긍정적인 어휘로 바꾸면, 자신이 발산하는 주파수나 파동이 바뀌고 그 파동과 공명해 끌어당기는 것이 바뀝니다.

저도 예전에는 매일 소리 내어 어퍼메이션을 실시했습니다. 처음에는 소리 내어 읽기가 어색하지만, 매일 반복하다 보면 무의식 수준에서 꿈과 목표가 달성되는 일이 당연하게 느껴지는 상태가 됩니다. 꿈이 당연히 이뤄진다는 의식 상태가 되면 어퍼메이션을 낭독할 필요가 없습니다. 끌어당기는 힘이 저절로 강해지고 소원이 하나하나 실현됩니다.

사람과 동물의 차이는 언어로 의사소통을 하는가 그렇지 않은가입니다.

말의 힘을 사용해 인간은 새로운 것을 발명하고 지식을 공유하고 과학기술을 발전시킵니다. 다른 동물은 새로운 물건을 발명하거나 창조할 수 없습니다. 인간은 말의 힘이 있기에 무에서 유를 만들어 내는 힘, 물건을 구체화하는 힘을 가집니다.

신약성서의 요한복음서에도 "태초에 말씀이 계시니라."라는 구절이 있습니다. 말 그대로 언어에는 무엇인가를 만들어 내는 힘이 있습니다.

- 이미지나 생각을 말로 바꾸면 현실화하기 쉽다.

- 종이에 꿈과 목표를 쓰면 이뤄진다.

- 말로 꿈과 목표를 선언하고 낭독하면 잠재의식이 바뀐다.

+ 과제 +

❶ 꿈과 목표를 종이에 101개 쓴다.

❷ 써서 눈에 띄지 않는 곳에 넣어둔다.

❸ 써놓은 꿈과 목표 10~20개를 매일 큰 소리로 말한다.

결단의 법칙

중대한 결단을 내리면
인생이 크게 바뀐다

이중 슬릿 실험과 관측 문제

여러분은 지금까지 살아온 인생에 만족하나요?

자신에게는 발전 가능성이 더 있다고 생각하지는 않나요?

만약, 지금까지의 인생을 뚝 잘라내고 새로운 인생을 살아갈 수 있다면 어떤 인생으로 바꾸겠습니까?

사실 인생을 크게 바꾸는 방법은 1장의 '이중 슬릿 실험'(50쪽 참조)에서 여러 가지를 배웠습니다.

이중 슬릿 실험에서 하나의 전자나 광자 등의 소립자가 2개의 슬릿을 동시에 통과해 스크린 상에 간섭무늬가 생기므로 소립자는 파동성을 가진다고 했습니다. 또, 소립자가 어느 슬릿을 통과하는지를 관측하려고 하면 간섭무늬가 사라지고 입자의 성질을 나타냈습니다. 이렇게 관측 방법에 따라 실험 결과가 달라지는 '관측 문제'는 물리학자들 사이에서도 오랫동안 논의돼 왔으며, 이 현상을 설명하기 위해 다양한 해석이 생겨났습니다.

그중 하나가 **코펜하겐 해석**(copenhagen interpretation)입니다.

코펜하겐 해석에서 전자는 **무수한 가능성이 중첩된 상태**이며, 파동과 같이 존재 확률의 분포가 넓은 전자가 **관측되는 순간에 한 점**

표13 **파동의 수축**

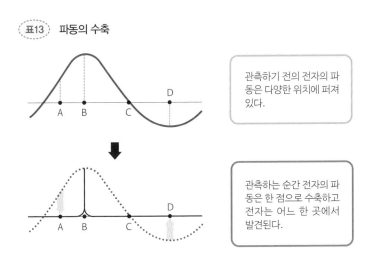

관측하기 전의 전자의 파동은 다양한 위치에 퍼져 있다.

관측하는 순간 전자의 파동은 한 점으로 수축하고 전자는 어느 한 곳에서 발견된다.

으로 수축해 파동에서 입자로 수렴됩니다.

예를 들어볼까요. 어린 시절, 소풍 갈 때 도시락을 갖고 간 적이 있을 겁니다. 어떤 음식이 들어 있는지 모르는 채로 가서 '오늘 도시락 메뉴는 뭘까?' 하고 설레었던 경험이 한 번쯤은 있지 않나요? 도시락 뚜껑을 열 때까지는 통 안에 무엇이 들어 있는지 모르기 때문에 다양한 가능성이 있는 상황입니다. 비엔나소시지가 있을 수도 있고, 튀김이나 김밥이 있을 수도 있습니다. 어쩌면 도시락 안의 음식이 뒤죽박죽 섞여 있을 수도 있습니다(웃음).

수많은 가능성이 있는 상태에서 뚜껑을 여는 순간, 어떤 특정 상태로 결론이 납니다. 뚜껑을 열고 튀김 도시락을 보고 있는 상황과 비슷하게 생각하면 됩니다. 튀김 도시락이라는 사실을 아는 순간, 파동인 상태에서 입자인 상태로 사건이 확정됩니다.

한 가지 더 잘 알려진 해석으로는 1957년 미국의 물리학자 휴 에버렛(Hugh Everett III)이 제안한 **다세계 해석**(many worlds interpretation)이 있습니다. **다세계 해석은 미시세계뿐만 아니라 세상의 모든 것이 중첩된 상태이며 확률적으로 정해지는 사건의 수만큼 세계가 다수로 분기돼 간다는 개념입니다.**

즉, 다양한 가능성의 세계가 병행으로 동시에 존재하고, 관측한 순간에 하나의 세계로 들어간다는 말입니다.

다세계 해석은 사람들에게 평행 우주라는 말로도 알려져 있습니다.

평행 우주는 SF소설이나 영화, 애니메이션에서도 자주 다뤄집니다. 어쩌면 이 우주에 우리가 살아가는 곳 외의 세계가 다수 존재하고 있을 수도 있다는 발상입니다.

예를 들어, 레스토랑에서 메뉴를 보고 음식을 주문할 때를 떠올려 보세요. 주문하기 전까지는 무엇을 먹을지 다양한 가능성의 세계가 동시에 존재합니다. 파스타를 주문하면 파스타를 먹는 세계가 현실로 나타나지만, 다른 세계에 햄버거를 먹는 우주나 튀김 덮밥을 먹는 세계가 동시에 존재하는 것입니다.

또, 결혼 상대가 다정한 사람일지, 밝은 사람일지, 까칠한 사람일지 결혼하기 전까지는 알 수 없고 매우 불확실하며 다양한 가능성의 세계가 중첩돼 있습니다. 만약, 까칠한 사람과 결혼하면 이 세계에서는 그 사람과의 결혼 생활이 시작되지만, 다른 세계에서는 다정한 사람과의 결혼 생활, 또 다른 세계에서는 밝은 사람과의 결혼 생활이 동시에 평행하게 존재한다는 개념입니다.

이런 이야기가 SF처럼 비현실적이라고 생각하는 사람들도 있겠지만, 실제로 많은 물리학자가 평행 우주를 주제로 진지하게 논의하고 있습니다. 그중 스웨덴 출신의 물리학자로 매사추세츠 공과대학의 물리학과 교수인 맥스 테그마크(Max Tegmark) 박사가 제안하는 다중 우주론(멀티 유니버스 이론)이 유명합니다. 맥스 테그마크 박사에 따르면 이론적으로는 10의 500제곱 종류의 우주가 있다고 합니다.

수많은 가능성의 세계가 있는 상태를 전문용어로 '중첩 상태'라고 합니다. 세계는 이렇게 중첩 상태가 있고, 매우 다양한 가능성의 세계가 평행으로 존재한다고 생각해 보세요. 그러나 우리는 하나의 우주밖에 볼 수 없으므로, 다른 세계는 현실에는 일어나지 않습니다.

다세계 해석에서 배우는 인생 선택 이론

우리의 인생에도 다세계 해석이나 다중 우주론과 마찬가지로 많은 분기점이 있습니다.

어느 대학에 진학할까, 어디에 취직할까, 어떤 일을 선택할까, 결혼 상대로 누구를 선택할까 등등. 이렇게 인생에는 살아가는 동안 수많은 선택지가 있고, 그 선택지의 수만큼 많은 세계와 우주가 있을 거라 생각합니다.

무엇인가를 선택할 때까지는 다양한 가능성이 중첩된 상태이지만, 하나로 정해지면 인생은 그 길을 향해 나아갈 뿐입니다. 선택지가 하나밖에 없는 경우에 가능성은 하나뿐입니다. 예를 들어, 부모가 바라던 대학에 진학하거나 대기업에서 근무한다면 부모가 깔아놓은 레일 위의 정해진 인생의 범위 안에서 살아가게 됩니다.

반면, 선택지가 2가지, 3가지 이렇게 늘어가면 가능성은 넓어집니다. 양자역학의 관점에서 말하면 답이 하나밖에 없는 것이 입자성, 다양한 가능성이 있는 것이 파동성입니다.

사람은 현재나 과거의 연장선 위에서 모든 일을 생각하게 됩니다.

지금 사귀는 사람과 앞으로 결혼해야지, 지금 일하는 회사에서 정년까지 일해야지, 이렇게 제한된 범위 안에서 일을 판단합니다. 하지만 그래서는 크게 인생이 바뀌지 않습니다.

흔히 인생에서 성공하는 것은 대단한 일이라고 합니다. 이 '대단

표14   다세계 해석과 인생의 선택

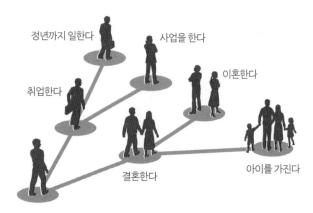

정년까지 일한다

사업을 한다

이혼한다

취업한다

결혼한다

아이를 가진다

하다'라는 말은 일본어로 '크게(大) 변한다(変)' 즉, **크게 변화하는 사람이 인생에서 성공하는 사람**이라고 불리는 것입니다.

그러면 인생을 크게 바꾸기 위해서는 어떻게 해야 할까요?

바로 큰 결단을 해야 합니다.

큰 결단을 하는 사람은 인생을 크게 바꿀 수 있습니다.

종종 엘리베이터에 타고 잠시 움직이지 않는 상태가 계속되면

'어? 엘리베이터가 안 움직이네' 하고 생각할 때가 있습니다. 그러다 가려는 층의 버튼을 누르지 않았다는 사실을 번뜩 깨닫고 황급히 버튼을 누른 적이 있습니다(웃음).

인생도 비슷합니다. 목적지를 정하지 않으면 현실은 움직이지 않는 엘리베이터와 같습니다. 여러분이 어떻게 되고 싶은지, 어떻게 하고 싶은지 적절한 시점에 생각하고 행동으로 옮겨야 합니다. 그리고 그 비전에 맞는 큰 결단을 해야 인생을 크게 변화시킬 수 있습니다.

평행 우주 논리에서 보면 **인생은 결단의 연속**입니다. 당신이 무엇을 선택하고 어떻게 행동하는지에 따라 수많은 가능성의 세계가 열립니다.

만약, 결혼하고 싶다면 언제까지 결혼할지 결단해 보세요.
만약, 부자가 되고 싶다면 자산을 얼마나 모을지 결단해 보세요.
만약, 오래 살고 싶다면 몇 살까지 살지 결단해 보세요.
결단하는 힘이 현실을 크게 바꾸는 힘이 됩니다.

그렇다면 결단은 어떤 기준으로 해야 할까요?
여러분 인생의 가능성이 넓어진다고 생각되는 쪽으로 선택하세요.

인생의 가능성이 넓어지는 선택은 그것을 선택해서 설레는지, 그렇지 않은지로 판단하면 됩니다. 인생의 장래가 밝은 쪽으로 향하는지, 그렇지 않은지로 판단하면 됩니다. 만약, 그 선택으로 마음이 더 설레고 밝은 미래를 상상하게 된다면 고민하지 말고 선택하세요. 분명히 그것이 가장 좋은 선택일 것입니다.

인과응보라는 말을 들어보셨나요? 과거에 했던 일이 결국 모두 돌아온다는 법칙입니다. 불교에서는 카르마의 법칙이라고도 합니다. 전생이나 과거에 나쁜 일을 하면 현생에서 나쁜 일이나 안 좋은 일이 생기고, 전생에서 좋은 일을 하면 이번 생에 좋은 일이 일어난다는 개념입니다.

예를 들면, 아래와 같습니다.

- 원했던 학교에 합격하지 못한 이유는 시험 공부를 게을리 했기 때문이다.
- 결혼하지 못하는 이유는 진지하게 결혼을 위한 노력을 하지 않았기 때문이다.
- 대사증후군에 걸린 이유는 운동량이 부족하기 때문이다.

이렇게 무엇인가 원인이 있고 결과가 생기는 것이 원인과 결과의 법칙입니다.

모든 현실은 생각이 원인이 돼 만들어집니다. 즉, 카르마의 법칙을 믿는 사람은 카르마의 법칙에 따라 현상이 일어나고, 카르마의 법칙을 믿지 않는 사람에게는 아무 상관없는 세계가 되는 것입니다. 만들어 내는 세계가 다릅니다.

어느 생각이 좋거나 나쁘다는 말이 아니라, 다세계 해석과 마찬가지로 여러분이 믿는 사고방식과 철학에 따라 보이는 세계가 다르다는 뜻입니다.

결정론 vs. 확률 해석

카르마의 법칙과 인과응보의 사고방식은 물리학에서 말하는 거시세계의 물리학인 뉴턴역학이나 고전역학과 같다고 생각합니다.

예를 들어, '출발 속도가 시속 100킬로미터, 각도 45도로 공을 던지면 포물선을 그리는 공이 어디에 떨어질까'라는 문제는 뉴턴역학에서 운동방정식으로 어느 정도 예측합니다. 공의 출발 속도와 던지는 각도가 바뀌면 공이 떨어지는 위치가 달라집니다. 이것이 바로 원인에서 결과를 도출하는 결정론의 사고입니다.

반면, 양자역학의 세계는 이와는 완전히 반대의 개념입니다.

양자역학에는 독일의 이론물리학자 하이젠베르크가 제안한 **불확정성 원리**가 있습니다. 이 불확정성 원리에 따르면 전자의 위치와 속도(엄밀히는 운동량)는 동시에 측정할 수 없습니다. 전자의 위치를 재려고 하면 속도를 알 수 없고, 속도를 재려고 하면 위치를 알 수 없기 때문입니다. 말 그대로 '모든 일은 불확정이며, 확률적으로 정해진다'는 말입니다.

즉, 전자가 어디에 있을지 모릅니다. 확정되지 않고 애매한 확률로만 표현하기 때문에 전자의 존재 확률을 파동방정식으로 계산하고, 파동함수를 사용해 분포도로 나타냅니다.

눈에 보이지 않는 미시세계에서 '반드시 여기에 있다!'라고 단정지을 수가 없습니다. 소립자는 파동일 수도 있고, 입자일 수도 있습니다. 현실은 그렇게 될 수도 있고, 그렇게 되지 않을 수도 있습니다. 이렇게 애매한 확률적 표현으로만 이 세계를 표현합니다.

즉, 카르마의 법칙처럼 무엇인가가 원인이 돼 결과로 나타나는 것이 아니라 확률적으로만 예상합니다. 이 개념을 적용하면 **여러분**

의 인생은 과거에 무엇을 행했는지로 이미 결정된 것이 아니라, 지금 이 순간을 바꿈으로써 무한한 가능성을 가지게 됩니다. 과거에 어떤 인생을 걸어왔고, 지금 어떤 상태에 놓여 있는지에 상관없이 인생은 얼마든지 바꿀 수 있고 무한한 가능성이 있습니다.

과학적으로 알아보는 숙명과 운명의 차이

인과응보, 카르마의 법칙과 같은 결정론적인 생각은 점성술에서 말하는 **숙명**과 같습니다. 태어난 일시나 장소 등 별의 위치에 따라 통계학적으로 '이런 인생을 보낼 가능성이 크다'라고 예측하는 것입니다. 숙명은 바로 뉴턴역학이라고도 할 수 있겠습니다.

그러나 완전히 똑같은 장소, 똑같은 시간, 똑같은 별 아래에서 태어나면 인생은 완전히 똑같아질까요?

답은 NO입니다.

쌍둥이 형제는 태어나는 장소와 시간이 같지만, 선택하는 대학도 다르고, 취직하는 회사도 다르며, 사랑하는 상대도, 결혼하는 상대도 다릅니다.

숙명이 같은 사람이라도 운명은 다르기 때문입니다. 운명은 양자역학적으로 말하면 불확정성 원리로 설명할 수 있습니다. 다시 말해, '인생이 앞으로 어떻게 될지는 확률적으로만 안다'라는 말입니다.

앞에서 말했듯이 공의 출발 속도나 공을 던지는 각도가 정해지면 뉴턴역학으로 공이 떨어지는 위치를 예측합니다. 이렇게 출발 속도와 각도의 조건은 정해진 숙명입니다. 그러나 완벽히 같은 조건에서 공을 던진다고 해도 바람이 불면 공의 궤도와 도달점은 완전히 달라지기도 합니다. 폭우나 태풍으로 기상이 달라져도 공이 떨어지는 위치는 바뀝니다. 이것이 운명입니다.

최근에 취미로 골프를 시작했는데, 골프 코스가 인생을 축소시킨 그림 같다는 생각을 합니다.

골프 코스를 돌 때, 어느 코스로 갈지는 정해진 숙명이라고 할 수 있습니다. 그리고 그때의 기상이나 바람의 방향과 같은 상황은 운명입니다. 주어진 숙명과 운명 속에서 최선을 다하고 홀이라는 인생의 목적을 향해 공을 칩니다. 그 과정에서 공이 OB가 되거나 벙커에 들어가기도 하고 실수를 반복할 때도 있지만, 멈추지 않고 홀을 향해 공을 쳐 나가면 언젠가는 그린으로 공을 올려 코스를 끝냅니다. 인생도 마찬가지입니다.

숙명은 바꿀 수가 없습니다. 그러나 운명은 바꿀 수 있습니다.

지금 자신이 어떤 상황에 있다고 해도 미래는 얼마든지 바뀝니다. 과거에 무엇을 했는지는 상관없습니다. 바로 이 순간부터 남을 돕고, 미소와 친절을 베풀고, 사랑의 말을 건네고, 감사받을 일을 많이 하면 행복한 부자가 될 수도 있습니다.

현재 돈이나 능력이 있는지, 인간관계가 좋은지, 이혼했는지 등은 아무 상관이 없습니다.

지금 이 순간에 운명을 바꾸는 행동을 얼마나 하는가, 단지 그것만이 중요할 뿐입니다.

인생은 선택의 연속이므로 무엇을 선택할지 어떤 행동을 할지는 지금 정하면 바꿀 수 있습니다. 어떤 회사로 옮기면 연봉이 오를지, 어떤 사람과 결혼하면 행복한 일상을 보낼지는 어느 정도 예측할 수 있습니다. 중요한 점은 자신이 무엇을 선택하고 어떻게 행동하는가입니다.

지금 이 회사를 그만두고 다른 회사로 옮기겠다고 결정하면 운명은 바뀝니다. 지금 이 사람과 결혼할지 말지 결정하면 운명은 달라집니다.

과거의 연장선 위에 미래가 있는 것이 아닙니다. 자신이 행복해
지겠다고 정하기만 하면 됩니다. 그 선택에 따라 인생은 바뀝니다.
인생에는 무한한 가능성이 있고, 어떤 미래도 만들 수 있습니다. 이
것을 깨달으면 인생을 자유자재로 제어할 수 있습니다.

과거나 전생에 얽매여 있어도 지금부터 어떻게 살아갈지는 매 순
간 선택입니다. 그렇기에 더욱더 **미래는 모두 자신의 선택과 결단에**
책임이 있다는 것을 자각해야 합니다.

여기서 무한의 가능성을 끌어내는 일이 코치인 저의 역할입니다.

사람들은 자기가 가진 고정관념의 틀 안에서 생각하고 가능성을
좁히며 살아갑니다.

저도 예전에는 아내에게 '물벼룩보다 못한 인간'이라는 말을 듣
는 무능력한 샐러리맨이었습니다. 회사를 그만두고 독립해서 코칭
일에 종사하리라고는 전혀 생각해 보지도 못했습니다.

하지만 물벼룩보다 못한 인간인 상태에서 시작해, 현재는 여러
곳의 회사를 경영하고 직원 채용 없이 세미나 사업만으로 매출 8억
엔을 달성했습니다. 코칭이 도움이 되었다고 눈물을 흘리며 기뻐하

는 분들과 팬도 많아져 많은 사람에게 기쁨을 주고 있습니다. 이런 경험이 있기에 더욱 '**누구에게나 무한의 가능성이 있다**'라는 사실을 사람들이 빨리 알았으면 좋겠습니다.

인생이 잘 풀리지 않는 이유를 과거의 사건이나 전생 탓으로 돌리기는 쉽습니다. 그러나 다시 말하지만, 과거가 어떻든 지금 여기서 '**나는 이렇게 하겠다**'라고 **결단하면 인생은 어떻게든 바뀔 수 있습니다.**

과거에 얽매여 현재에 괴로워하기보다는 **지금 여기서 어떻게 살아갈지에 집중**하고 원하는 미래를 꿋꿋하게 만들어 가기를 바랍니다. 그 힘은 당신에게도 있습니다.

- 인생은 선택의 연속이다. 무엇을 선택하고 어떻게 행동하는지에 따라 결정된다.

- 인생을 크게 바꾸고 싶다면 큰 결단을 해야 한다.

- 숙명은 바꿀 수 없지만, 운명은 얼마든지 바꿀 수 있다.

+ 과제 + --

질문 ❶ 인생을 더욱 비약시키기 위해 도전하고 싶은 일은 무엇입니까?

질문 ❷ 도전을 위해 오늘부터 실천할 수 있는 일은 무엇입니까?

행동의 법칙

행동하지 않으면
현실은 바뀌지 않는다

꿈을 이루기 위해 가장 중요한 일

끌어당김의 법칙을 배운 사람 중에 의외로 이를 다르게 오해하는 사람들이 많이 있습니다.

예를 들어, 매일 좋은 기분으로 지내면 꿈이 이뤄진다거나, 명상을 하면 끌어당김이 일어난다고 생각하는 것입니다. 또, 매일 소리 내어 어퍼메이션을 하면 끌어당김이 일어난다고 굳게 믿는 사람도 있습니다.

하지만 아무리 긍정적으로 생각하고 어퍼메이션을 해도 **행동하**

지 않으면 아무 일도 일어나지 않습니다.

카페에서 아이스 카페라테를 상상만 해도 주문할 수 있습니까? 카페에서 상상만 해서는 주문이 되지 않습니다. '아이스 카페라테 주세요'라고 말하지 않으면 원하는 음료를 얻을 수 없습니다.

설령 아이스 카페라테를 주문했다 해도 '아이스 카페라테를 마시는' 행동을 하지 않으면 아이스 카페라테를 마신다는 꿈을 이룰 수 없습니다. 다시 말해, **사고, 언어, 행동 중에서 가장 중요한 것은 '행동'**입니다.

물론 상상, 언어 표현, 어퍼메이션도 잠재의식을 바꿔 쓰는 데 효과가 있지만, 결국은 잠재의식을 수정해서 행동을 바꾸기 위해 하는 일입니다. 사람은 95%의 잠재의식으로 행동하므로 **잠재의식을 바꾸지 않으면 행동은 바뀌지 않습니다**. 즉, **현실은 바뀌지 않는다**는 말입니다.

왜 행동이 가장 중요할까요?

그 이유는 사고, 언어, 행동 중에서 행동이 가장 에너지가 높아 현실을 바꾸는 데 큰 영향을 주기 때문입니다.

기린을 한번 상상해 볼까요? 상상은 누구에게나 매우 간단하니다. '기린을 보고 싶다'라고 언어로 표현하기도 매우 쉽습니다. 그러면 기린을 동물원에서 데리고 오는 일은 어떨까요? 갑자기 어려워집니다.

이 예에서처럼 '상상하기' '언어화'까지는 가능해도 행동에 옮기는 단계가 되면 급격히 난이도가 올라갑니다. 정말 '말은 쉽고 행동은 어렵다'고 할 수 있습니다.

누군가에게 감사를 전하고 싶을 때 '고맙습니다'라고 생각하는 것과 말로 '고맙습니다'라고 표현하는 것, 그리고 행동으로 감사의 뜻을 전하는 것 중에서 행동으로 감사를 전하는 것이 가장 상대에게 감사의 뜻이 잘 전달됩니다.

사고, 언어, 행동을 비교해 보면 가장 에너지가 낮은 게 사고, 다음은 언어, 가장 에너지가 높은 게 행동이기 때문입니다.

즉, **행동 에너지 > 언어 에너지 > 사고 에너지**가 됩니다.

행동력이 있는 사람은 움직이는 속도가 빠르고 에너지가 높습니다. 에너지가 높은 사람일수록 현실화하는 힘이 있고, 차례차례 꿈을 실현해 갑니다. 상상하고 언어화한 일은 일단 행동해서 끌어당기는 힘을 높여봅시다.

꿈을 이루는 3단계

꿈을 이루는 과정은 크게 3단계입니다.

- 1단계 _ 생생하게 이미지를 떠올려 상상한다
- 2단계 _ 명확하게 언어화한다
- 3단계 _ 결단하고 압도적인 행동력을 쏟아붓는다

이 3단계를 실천하면 사실 어떤 꿈이라도 이룰 수 있습니다.

상상은 양자역학의 세계에서는 파동 상태이고, 상상을 언어화하면 파동에서 입자로 변환되며, 압도적인 행동력으로 꿈을 현실화합니다.

저는 노트에 '한 달 내에 이상적인 연인을 찾겠다'라고 쓰고 난 후 정말 딱 한 달 뒤에 기적 같은 만남의 자리에 참석하게 됐고, 이상형이었던 지금의 아내와 만날 수가 있었습니다. 단 한 달 만에 이상형인 그녀를 끌어당겨 행복한 결혼 생활을 불러왔습니다.

도대체 어떻게 단 한 달 만에 이상적인 연인을 만났을까요?

상상했기 때문일까요?

아니면 종이에 썼기 때문일까요?

물론 그런 실천도 했지만, 가장 핵심적인 이유는 **압도적인 행동력**으로 매주 만남의 자리나 단체 미팅에 참여했기 때문입니다.

압도적인 행동력만이 꿈과 목표의 실현에 큰 영향을 줍니다.

그러나 사람은 쉽게 행동하지 못합니다. 다이어트를 하겠다고 생각하면서 운동을 하지 않거나 음식을 절제하지 못했던 경험은 다들

표15 꿈을 이루는 3단계

의식 → 관찰 수렴 → 물질

사고 / 언어 / 행동

▼ 현실화

파동 → 관찰 수렴 → 입자

있을 겁니다. 결혼하고 싶다고 생각하면서도 막상 결혼을 하기 위한 노력을 하지 않는 사람도 있습니다.

머리로는 아무리 생각해도 잠재의식 영향에 의해 이상적인 결과로 이어지는 행동을 하지 못하는 사람이 많기 때문입니다. 저도 다이어트를 하겠다고 생각해도 막상 눈앞에 과자가 있으면 어느새 먹어버립니다. 멈출 수 없는 상태가 됩니다. 이처럼 생각만 해서는 잠재의식의 보이지 않는 힘으로부터 도망가기는 쉽지 않습니다.

행동력을 높이려면 어떻게 해야 할까

왜 우리는 생각대로 행동을 이어 나가지 못할까요?
사람은 95%의 잠재의식으로 행동하기 때문입니다. 머리로는 행동이 중요하다는 사실을 알아도 사람은 무의식의 영향으로 현상을 유지하려고 합니다.

다이어트하고 싶다고 생각해도 잠재의식에서 '다이어트는 힘들어' '운동은 귀찮아' 이렇게 다이어트에 부정적인 생각을 한다면, 무의식적으로 다이어트를 하지 않는 쪽을 선택하기 때문입니다.

행동이 중요하다고 생각하면서도 좀처럼 행동하지 못하는 사람들도 많습니다.

행동하지 못하는 사람들의 특징을 알아봅시다.

- 머리로는 알아도 의욕이 생기지 않는다.
- 행동하면 불안하고 두려움이 생긴다.
- 과거의 실패 경험이 방해한다.
- 주위의 시선이 신경 쓰여 행동하지 못한다.
- 실패나 위험부담만 생각한다.
- 행동해서 얻는 장점을 모른다.

그러면 어떻게 해야 행동할 수 있을까요?

다음에서 쉽게 행동하지 못하는 사람들을 위해 '행동을 바꾸는 4단계'를 알려드립니다.

1단계_ 행동해 얻는 장점을 써본다

다이어트를 못하는 사람은 다이어트를 했을 때 어떤 장점이 있는지 써본다.

- 다이어트를 하면 날씬해져서 입고 싶은 옷을 입을 수 있다.

- 다이어트를 하면 몸이 가벼워진다.

- 다이어트를 하면 이성에게 매력적으로 보이고 이상적인 상대와 결혼할 수 있다.

- 다이어트를 하면 건강해져서 활력이 넘친다.

2단계_ 행동하지 않아서 생기는 나쁜 점을 써본다

다이어트를 하지 않으면 어떤 단점이 있는지 써본다.

- 체중이 늘어서 몸이 무거워진다.

- 좋아하는 옷을 예쁘게 입을 수 없다.

- 체지방률이 늘어서 대사증후군에 걸리기 쉽다.

- 당뇨병에 걸려 건강에 적신호가 켜진다.

3단계_ 행동하지 않아서 일어날 가장 나쁜 상태를 상상한다

2단계에서 써본 단점을 떠올리고 최악의 상황을 상상한다.

- 체중이 150킬로그램이 돼 화장실에 앉으면 변기에 엉덩이가 끼어 빠져 나올 수가 없다.

- 목욕탕에 들어가면 탕의 물이 모두 넘쳐흘러 탕에 들어갈 수가 없다.
- 몸이 너무 무거워서 침대에서 일어날 수가 없다.

4단계_ 행동해서 얻을 수 있는 가장 밝은 미래를 상상한다

1단계에서 써낸 장점을 떠올리고 밝은 미래를 상상해 본다.

몸이 날씬해져서 이성에게 인기가 많아지고, 이상적인 상대와 즐거운 데이트를 하는 상상을 한다.

어떤가요? 행동할 때와 하지 않을 때의 장단점을 떠올리면 행동하고자 하는 마음이 들지 않나요? 행동하고 싶어도 행동하지 못하는 사람은 이 과정을 꼭 시도해 보시기 바랍니다.

- 사고, 언어, 행동 중에서 가장 에너지가 높은 것은 행동이다.

- 압도적인 행동력을 발휘하지 않으면 현실은 아무것도 바뀌지 않는다.

몰입의 법칙

목표에 집중하면
소원 실현에 가속도가 붙는다

가장 짧은 시간에 꿈을 이루는 방법

이 세상에는 차근차근 꿈을 이루는 사람과 좀처럼 생각대로 꿈을 이루지 못하는 사람이 있습니다. 꿈을 차근차근 이뤄 내는 사람과 그렇지 못한 사람의 차이는 무엇이라고 생각하나요?

바로 **사고, 언어, 행동의 벡터 차이**입니다.

꿈을 잘 현실화시키지 못하는 사람은 사고의 벡터, 언어의 벡터, 행동의 벡터가 제각각입니다. 쉽게 말해, 평소 생각과 말, 행동이 제각각인 사람은 마음먹은 대로 현실화가 잘 이뤄지지 않습니다.

예를 들어, A와 결혼하고 싶다고 생각하면서 B에게 결혼하자고 프러포즈하고, 실제로는 C와 결혼식을 올린다면 어떻게 될까요? 대혼란을 이룰 것입니다. 난장판이 되겠다고 생각할 수도 있지만, 역시 행동의 에너지가 크기 때문에 C와 결혼할 확률이 가장 높습니다.

차근차근 꿈을 이루는 사람은 어떤 사람일까요?

평소의 생각과 행동이 항상 일치합니다. 스스로 하겠다고 선언한 일은 확실하게 실행합니다. 말 그대로 유언실행(有言實行)입니다. **짧은 시간에 빠른 속도로 꿈을 이루는 방법은 바로 사고, 언어, 행동을 항상 일치시키는 것입니다.**

이렇게 차근차근 꿈을 이루는 사람과 꿈을 잘 이루지 못하는 사람의 차이를 전구의 빛과 레이저 광선의 예로 설명해 보겠습니다.

전구의 빛은 다음과 같은 특징을 지닙니다.

- 여러 방향으로 빛을 보낸다.
- 다양한 빛의 파장이 섞여 있어 제각각이다.
- 빛이 나아가면서 에너지가 감소한다.

반면, 레이저 광선의 특징은 다음과 같습니다.

- 일정한 방향으로 빛을 보낸다.
- 파장이 일정하다.
- 위상(주기)이 일정하다.
- 에너지의 집중도가 높다.

전구는 빛의 파장이 제각각이지만, 빛의 파장과 위상이 같아지면

 전구의 빛과 레이저 광선의 차이

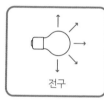
전구

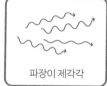
파장이 제각각

위상이 제각각

레이저 광선

파장이 일치한다

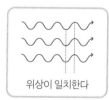
위상이 일치한다

(코히렌트 상태) 빛을 한 점에 집중하게 해 레이저 광선을 쏠 수가 있습니다. 이렇게 해서 레이저 광선은 단단한 금속도 잘라냅니다.

인생이 생각처럼 풀리지 않는 사람은 이것저것에 손을 대서 에너지가 분산되기 때문입니다.

한번 시작한 일에 집중하지 않고 다른 일에 손을 대거나, 여러 가지 일을 동시에 해결하려고 하면, 전구처럼 파장이 분산돼 일이 생각하는 방향으로 진행되지 않습니다. 반대로, 자신이 진심으로 하고 싶은 일 한 가지에만 집중하면 레이저 광선처럼 단기간에 가장 빠른 속도로 소원을 실현할 수가 있습니다.

예를 들면, 올림픽선수는 올림픽 금메달을 따기 위해 매일 열심히 훈련해 경기에서 실력을 발휘하고 꿈이나 목표를 이뤄갑니다. 이성과 사귈 때도 여러 사람과 동시에 사귀면 에너지가 분산돼 결혼까지 이를 수 없습니다(웃음).

만약, 짧은 시간 안에 엄청나게 빠른 속도로 꿈을 이루고 싶다면 레이저 광선처럼 사고 에너지의 주파수, 언어 에너지의 주파수, 행동 에너지의 주파수를 모두 일치시켜 코히렌트로 만들어야 합니다.

사고, 언어, 행동의 에너지 차이

사고, 언어, 행동에도 에너지가 있으며, 에너지 수준에 따라 어떤 일이 현실화되는 속도도 다릅니다.

사고 중에서도 '왠지 그냥 하고 싶다고 생각하는 사람'과 '하고 싶다고 쭉 생각하는 사람' 그리고 '해야겠다고 진심으로 결의하는 사람'은 사고의 에너지가 다릅니다.

언어도 마찬가지입니다. '하고 싶다고 말해보는 사람'과 '하겠다고 계속해서 말하는 사람'과 '진심으로 하겠다고 선언하는 사람'은 언어의 에너지가 다릅니다.

행동도 그렇습니다. '실제로 시작하는 사람'과 '계속 해나가는 사람' '결과가 나올 때까지 그만두지 않는 사람'은 행동의 에너지가 완전히 다릅니다.

결혼을 못하는 사람은 '결혼하고 싶다'라고 생각만 하는지도 모릅니다.

만약, 진심으로 3개월 이내에 결혼하겠다고 마음먹고 친구와 가족에게도 '3개월 이내에 결혼합니다!'라고 선언한 뒤, 미팅이나 맞선 모임에 참가하거나 친구들에게 부탁해 좋은 사람을 소개받으면

표17 자기실현의 에너지 레벨

높다 3%의 성공인

Lv10 사고와 언어와 행동이 일치

행동
Lv9 결과가 나올 때까지 그만두지 않는다
Lv8 행동을 계속 이어간다
Lv7 실제로 시작한다

언어
Lv6 진심으로 하겠다고 선언한다
Lv5 하고 싶다고 계속 말한다
Lv4 하고 싶다고 말해 본다

사고
Lv3 진심으로 하겠다고 결의한다
Lv2 하고 싶다고 계속 생각한다
Lv1 왠지 하고 싶다고 생각해 본다

에너지

낮다

서 멈추지 않고 계속 행동하면 결혼할 확률은 확 올라갈 것입니다. 이렇게 사고, 언어, 행동이 항상 일치하는 사람은 차근차근 소원을 실현하는 상위 3%의 성공인이 될 수 있습니다.

그렇다면 에너지 수준을 올리기 위해서는 어떻게 해야 할까요? 무슨 일이든 한 점에 생각을 모으고 집중해야 합니다.

이렇게 한 가지에 집중하는 상태를 심리학에서는 **몰입**(flow) **상태**라고 합니다. 몰입 상태가 되면 뇌 안의 집중력이 높아져 압도적인 퍼포먼스를 발휘할 수 있습니다.

몰입이라는 말은 헝가리인 미국의 심리학자 미하이 칙센트미하이(Mihaly Csikszentmihalyi)가 제창한 몰입 이론에서 나왔습니다. 몰입은 '시간을 잊을 정도로 완전히 집중해 대상에 빠져드는 정신적 상태'를 뜻합니다.

여러분도 인생에서 몰입을 경험한 적이 있나요?

무엇인가에 몰두하거나 집중해 시간조차 잊어버리는 상황 말입니다.

게임에 몰두해 어느새 몇 시간이나 지났다던지, 푹 빠져 책을 읽다 보니 어느새 저녁이 되었던 경험 등은 있을 것입니다.

스칼렛 요한슨(Scarlett Johansson)이 주연으로 나오는 〈루시〉라는 SF 액션 영화를 본 적이 있나요?

주인공 루시의 잠재 능력이 개화하고, 인지를 넘어서는 힘을 가지게 된다는 내용의 영화인데, 저는 정말 이 영화의 주인공처럼 충격적인 몰입 경험을 한 적이 있습니다.

어느 날 새벽 5시쯤 잠이 깼는데 갑자기 꼬리뼈 부근에서 에너지가 몸의 중심으로 쭉 흐르는 느낌이 들었습니다. 눈을 떠 보니 주위가 매우 고요했고, 시각과 청각 등의 오감이 곤두서면서 만물과 연결된 듯한 느낌이 들었습니다.

저 멀리에서 사람 목소리가 들리는 것 같았고, 술집에서 술잔을 들고 건배하는 사람의 모습이 보이기도 했습니다. 정말 천리안이나 텔레파시 같은 초능력이 몸에 스며든 것 같은 감각이었습니다. 또, 몇 분 후의 미래에 무슨 일이 일어날지 예지할 수 있을 것 같았는데, 이때 주식투자라도 했으면 좋았겠다는 생각도 듭니다(웃음). 마치 초인적인 힘을 가지게 된 듯, 깊은 집중 상태에 들어선 궁극의 몰입 상태였습니다.

몰입 상태에 들어가는 방법

그러면 어떻게 해야 몰입 상태에 들어갈 수 있을까요?

이제 몰입 상태를 만드는 핵심을 설명하겠습니다.

첫째, 중립적인 사고를 유지한다

몰입 상태일 때는 매우 편안하고 오감이 예민해져 있습니다.

무엇인가에 생각을 뺏기거나 이것저것 고민하면 몰입 상태가 되지 않습니다. 세상에는 긍정적인 사고가 중요하다고 보는 사람들도 있지만, 실제로 긍정적인 사고가 지나치면 오히려 부정적인 영향을 주기도 합니다.

가장 에너지가 높고 몰입 상태가 되기 좋은 때는 긍정적 사고도 부정적 사고도 아닌, 중립적 사고를 할 때입니다. **사고가 중립적이면 고정관념이나 상식에 얽매이지 않고, 만사를 멀리서 조망하듯이 내려다볼 수 있어 심리적으로 차분하고 안정된 상태가 됩니다.** '이렇게 해야 한다' '이렇게 돼 있어야 한다'와 같은 고정관념에 사로잡혀 있지 않고 평온한 기분으로 지내는 것이 중요합니다.

둘째, 현재 가진 행복과 풍요로움에 의식을 모은다

끌어당김의 법칙은 깨달음의 법칙입니다. 하루하루 주어진 일에 감사하고 지금 가진 행복에 초점을 맞추면 끌어당기는 힘이 강해집니다. 일상에서 일어나는 일들에서 얻는 깨달음이나 발견을 바로 메모하거나 의식을 모으면 잠재의식이 바뀌고 끌어당김의 힘이 강해집니다.

지금 가진 행복이나 감사할 만한 일에 의식을 집중해 보세요. 그러면 공시성(Synchronicity) | '의미가 있는 우연의 일치'로 인과관계가 없는 여러 사건이 적절한 상황에서 우연히 연속적으로 발생한다는 개념으로서 '인과성'과는 다른 원리이다. 정신분석학자인 칼 융이 제창했다. –옮긴이 을 매일 느낄 수 있어 오감이나 직

관력이 높아져 몰입 상태에 들어가기 쉬워집니다.

셋째, 깨달은 것을 즉시 실천한다

깨달은 것을 바로 다른 사람에게 알려 주거나 즉시 실천하면 잠재의식이 잘 바뀝니다. 청소해야겠다는 생각이 들면 바로 청소하고, 누군가에게 전화를 걸어야겠다는 생각이 들면 바로 전화를 하는 것처럼 **떠오른 것을 즉시 행동으로 옮기면 잠재의식이 명확해집니다.**

깨달은 것을 즉시 실천하지 않으면 잠재의식에 먼지가 쌓여 생각한 일이 현실화되기 어렵습니다. 생각이 나면 바로 행동으로 옮겨야 그 일에 집중하고 몰입 상태에 들어가기 쉬워집니다.

깨달은 것을 바로 실천하기 위한 마법의 주문을 알려드리겠습니다.

'지금, 바로 행동하라!'

이 말을 여러 번 입속에서 되뇌면 행동력이 강해지므로 꼭 소리내어 말해 보세요.

넷째, 목표를 명확하게 정하고 한 가지에 집중한다

이뤄야 할 목표나 주제를 한 가지 정해서 집중합니다. 여기저기 손대지 말고 한 가지 일에 집중하면 몰입 상태가 되기 좋습니다.

돋보기에 햇빛을 모으고 그 빛의 초점을 종이의 한 지점에 맞추면 에너지가 집중돼 종이를 태울 수도 있습니다. 그러나 초점이 흔들리면 에너지가 집중되지 않아 종이를 태울 수가 없습니다. 마찬가지로 하나의 목표를 정하고 한 점에 집중하면 더 빨리 큰 결과를 얻을 수 있습니다.

다섯째, 집중할 수 있는 환경을 만든다

집중할 수 있는 환경을 갖추는 일은 매우 중요합니다. 주변에 물건이 많이 있거나 유혹하는 물건이 놓여 있으면 어떤 일에 집중할 수가 없습니다.

저 역시 집에서 책을 쓰려고 해도 쉽사리 글이 넘어가지 않을 때가 있었습니다. 집에는 소파나 텔레비전이 있어 저도 모르게 뒹굴뒹굴하다가 자버리거나 텔레비전을 보게 됩니다. 그래서 집중할 수 있는 환경을 만들기 위해 사무실을 임대했고, 몰입 상태에 들어간 지 2개월 만에 책을 완성할 수 있었습니다. 집중할 수 있는 환경을 만드는 일은 무엇보다도 중요합니다.

인도의 독립운동 지도자였던 마하트마 간디(Mahatma Gandhi)도 말했습니다.

"당신의 생각, 말, 행동, 즉 이 3가지가 조화를 이룰 때 비로소 행복은 당신의 것이다."

이렇게 사고, 언어, 행동의 벡터와 파장을 모아 몰입 상태가 되면 차례차례 소원이 실현될 것입니다.

여러분이 가장 실현하고 싶은 일은 무엇입니까?

지금 가장 중요한 일은 무엇입니까?

그 중요한 일에 집중하면 어떤 미래가 기다릴까요?

그 중요한 일 한 가지에 집중해 정말 실현하고 싶은 일을 목표로 삼으면 소원 실현이 가속화돼 차례차례 꿈이 이뤄질 것입니다.

목표 하나를 정해서 집중하면 더 큰 힘이 생깁니다. 꼭, 한 점에 집중해 그 일에 몰입해 보세요.

- 사고, 언어, 행동의 벡터와 파장을 일치시키면 가장 짧은 시간에 빠른 속
  도로 꿈을 이룰 수 있다
- 사고, 언어, 행동의 에너지 수준을 높이면 소원 실현이 가속된다
- 한 점에 집중해 초점을 맞추면 몰입 상태가 돼 충분히 역량을 발휘할 수
  있다.

+ 과제 +

질문 ❶ 이상적인 꿈을 이루기 위해 가장 중요한 것은 무엇입니까?

질문 ❷ 그것에 집중하면 어떤 미래를 맞게 될까요?

인간의 4가지 유형별 소원 실현법

우주를 지배하는 4가지 힘

이 세상에는 수많은 성공 법칙과 자기계발 강연이 있는데도 성공하지 못한 사람이 있는 이유는 뭘까요? 성공한 사람은 아주 일부일 뿐입니다. 대부분의 사람들이 성공하지 못하는 현실이 이상하다고 생각하지 않나요?

제가 지금까지 많은 책을 읽고 세미나에 참여하면서 깨달은 점이 있습니다. 똑같은 성공 법칙을 배워도 좋은 결과를 얻는 사람과 그렇지 못한 사람이 있다는 사실입니다. 같은 방법을 배웠는데 왜 이렇게 차이가 생길까요?

사실 똑같이 배워도 좋은 결과를 얻는 사람과 그렇지 못한 사람이 있는 이유는 성공 법칙이나 소원 실현법에도 유형이 있기 때문입니다. 양자역학적으로 말하면 사람에게는 각각 고유의 주파수가 있습니다. 아무리 방법을 배워도 자신과 맞지 않는 유형으로 행동하면 도중에 좌절해서 그만두게 됩니다. 아무리 효과적인 방법이라고 해도 실천하지 않으면 결과로 이어지지 않습니다.

매년 새로운 다이어트법이나 미용, 건강법이 생겨나는 이유는 만인에게 통용되는 방법이 없기 때문입니다. 자신에게 맞는 다이어트법이나 건강법을 찾으면 여러분도 성공할 수 있습니다.

마찬가지로 똑같이 성공 법칙을 배워도 성공하는 사람과 성공하지 못하는 사람이 있는 이유는 그 성공 법칙과 파장이 맞는가 그렇지 않은가로 성공 가능 여부가 결정되기 때문입니다.

어퍼메이션이 효과가 있으니 목표를 매일 선언해야 한다고 배우더라도, 어퍼메이션을 하는 행위가 어색해서 고통스러운 사람에게는 무척 스트레스로 느껴지겠죠. 또, 이미지 트레이닝이 중요하다고 배워서 매일같이 이미지 트레이닝만 해봤자 힘들기만 하고, 이미지가 떠오르지 않아 효과를 느끼지 못하는 사람도 있기 마련입니다.

그러면 어떻게 하면 좋을까요?

바로 자신의 주파수, 즉 개성을 알고 자신의 유형에 맞는 성공 법칙이나 잠재의식을 바꾸는 방법을 찾아 실천해야 합니다.

우주에는 4가지 힘이 존재합니다.

4가지 힘은 전자기력, 약력, 강력, 중력입니다.

전자기력이란 전자, 양자와 같은 전하에 작용하는 힘이나 S극, N극과 같은 자기의 힘입니다. 우리 주변의 예로, 마찰력이나 장력도 전자기력의 일종입니다.

전자기력에는 전기력과 자기력 2가지 힘이 있습니다. 얼핏 보기에는 달라 보이는 이 2가지 힘이 실은 같은 힘이라는 사실은 19세기 후반에 영국의 물리학자인 제임스 맥스웰이 전기력과 자기력을 하나의 방정식으로 정리하며 해명했습니다. 잘 알려진 정전기와 자석의 힘뿐만 아니라 우리가 일상적으로 경험하는 중력 이외의 모든 힘은 전자기력입니다. 특히, 전자와 원자핵을 묶어 원사를 만드는 힘, 원자끼리 묶어 분자를 만드는 힘은 전자기력입니다. 전자기력은 광자의 교환으로 전달됩니다. 광자는 질량을 가지지 않기 때문에 차단

표18 우주의 4가지 힘의 성질

	전자기력	약력	강력	중력
세기 비교	10^{36} 매우 강하다	10^{28} 강하다	10^{38} 매우 매우 강하다	1 매우 약하다
도달하는 거리	∞ 무한히 멀리 도달한다	10^{-18} 원자핵의 1/1000	10^{-15} 원자핵 크기	∞ 무한히 멀리 도달한다
힘을 전달하는 입자	γ 광자	z^0 w^- w^+ 위크 보손	g 글루온	G 중력자

하지 않으면 전자기력도 멀리까지 전달할 수 있습니다.

약력은 방사성 물질을 내뿜는 힘, 예를 들면 베타 붕괴와 같이 원자가 자연 붕괴할 때 뉴트리노|전기적으로 중성인 소립자의 일종. 다른 입자와 반응이 극히 미약해 대부분의 물체는 빠져 나가버린다. -옮긴이|를 방출하는 힘입니다. 약력은 매우 짧은 거리 사이에서만 움직입니다. 일반적으로 전자기력보다도 훨씬 약하기 때문에 이런 이름이 붙었습니다. 모든 쿼크, 렙톤에 작용합니다.

강력은 원자 중심에 있는 원자핵의 중성자와 양성자가 결합하는 핵력입니다.

강력의 소립자는 글루온이라고 합니다. '글루(Glue)'는 영어로 '풀'을 뜻합니다. 풀처럼 굳게 결합한다는 의미가 있습니다. 글루온은 질량을 가지지 않지만, 도달거리는 원자핵 크기의 범위 정도로 짧아 보통은 알아볼 수 없습니다.

중력은 우리에게 가장 친숙한 힘입니다. 중력은 모든 소립자에 인력으로 작용합니다. 또, 방해받지 않고 무한히 멀리까지 작용하기 때문에 거시세계를 지배합니다. 지구, 태양, 은하계 등 천체의 운행을 관장하며 거대한 우주 구조를 만들어 냅니다. 4가지 힘 중에서 가장 약한 힘이 중력입니다.

우리를 지구로 끌어당기는 중력은 중력자라는 소립자의 교환에 의해 전달됩니다. 중력자는 질량을 가지지 않기 때문에 무한대까지 도달하며, 강도는 거리의 제곱에 비례해 약해지는 미발견 입자입니다.

우리는 이 4가지가 우주를 지배하는 힘이라는 사실을 알고 있습니다. 저는 이 4가지 힘의 특성이 인간의 개성 유형과 매우 닮았음을 깨닫고 저만의 이론을 개발했습니다. 즉, 우주를 지배하는 4가지 힘과 마찬가지로 인간도 4가지 유형으로 분류할 수 있다고 생각했습니다.

인간의 4가지 유형 이론

인간에게도 고유의 진동수와 주파수가 있고, 그 파장과 공명하는 방법이나 성공 법칙을 실천해야 좋은 결과로 이어집니다. 우주에 존재하는 4가지 힘과 인간의 유형이 무척 닮았고 일치한다는 사실을 깨달은 순간 저는 무척 흥분했습니다. **저는 이것을 '인간의 4가지 유형 이론'이라고 이름 붙였습니다.**

1. 전자기력형 (Electronic Magnetic Force Type: EM유형)
명확한 비전과 목표가 있으면 행동하기 쉬운 유형입니다.

2. 강력형 (Strong Force Type: ST유형)
사물을 깊이 분석하고 진리나 진실을 탐구하기 좋아하는 유형입니다.

3. 중력형 (Gravity Type: GR유형)

매우 친근하고 누구하고든 화기애애하게 지내기 좋아합니다.

4. 약력형 (Weak Force Type: WK유형)

정이 많고 위로와 안심감을 주는 유형입니다.

〈표19〉에서 인간의 4가지 유형 이론의 특징을 벡터로 표현했으며, 183쪽에 목록으로 나타내 보았습니다.

자신의 유형을 간단하게 진단할 수 있는 '인간의 4가지 유형 진단 테스트'를 만들었으니 다음 페이지에서 꼭 테스트 해보세요.

표19 인간의 4가지 유형 이론

인간의 4가지 유형 진단 테스트

매우 그렇다: 5점 ┃ 그렇다: 4점 ┃ 중간이다: 3점 ┃ 그렇지 않다: 2점 ┃ 전혀 그렇지 않다: 1점

전자기력형 : EM유형	점
1. 생각나는 즉시 행동하는 편이다	
2. 정열적이며 활력이 넘친다	
3. 말을 시작하면 멈추지 않는 편이다	
4. 사람을 외모로 판단하는 편이다	
5. 무슨 일이든 결과가 전부라고 생각한다	
6. 남에게 어떻게 보일지 신경이 쓰인다	
7. 꿈과 목표, 비전이 있으면 의욕이 생긴다	
8. 미래의 비전을 열정적으로 말한다	
9. 불안하거나 화가 나기도 한다	
10. 의지와 고집으로 극복하는 편이다	
11. 좋아하는 사람이나 물건이 있으면 집착한다	
12. 새로운 일에 도전하기 좋아한다	
13. 다소 엄격한 말투를 쓸 때가 있다	
14. 남 앞에 나서거나 눈에 띄기 좋아한다	
15. 남을 따라가기보다 스스로 행동하고 리더십을 발휘하기를 원한다	
16. 인간관계보다 목표 달성과 자기실현을 우선한다	

매우 그렇다: 5점 | 그렇다: 4점 | 중간이다: 3점 | 그렇지 않다: 2점 | 전혀 그렇지 않다: 1점

강력형 : ST유형	점
1. 냉정하게 생각하고 행동하는 편이다	
2. 분석하고 탐구하기 좋아한다	
3. 논리적으로 차분하게 설명하는 편이다	
4. 사람을 겉모습보다 경력이나 프로필로 선택하는 편이다	
5. 무슨 일이든 계획과 준비가 중요하다고 생각한다	
6. 타인의 평판을 신경 쓴다	
7. 세상의 진리와 진실을 탐구하기 좋아한다	
8. 목적이 명확하면 의욕이 생긴다	
9. 세상의 진리와 사실을 열정적으로 말한다	
10. 남을 비판할 때가 있다	
11. 합리적이므로 가성비 등의 효율성과 효과성을 우선한다	
12. 냉정하고 차분하다는 말을 듣는다	
13. 자기 생각과 가치관을 고집하는 편이다	
14. 한 가지 일을 끈기 있게 계속하는 편이다	
15. 자신의 기분과 감정을 표현하기 어렵다	
16. 친구와 함께 놀기보다 혼자 차분하게 책을 읽는 편이 좋다	

매우 그렇다: 5점 | 그렇다: 4점 | 중간이다: 3점 | 그렇지 않다: 2점 | 전혀 그렇지 않다: 1점

중력형 : GR유형	점
1. 즐거운 일, 신나는 체험을 좋아한다	
2. 혼자 있기보다 동료와 함께 지내는 편이 좋다	
3. 다 같이 왁자지껄 즐겁게 이야기하는 편이 좋다	
4. 겉모습이나 경력보다는 됨됨이가 좋고 말이 통하는 상대를 고른다	
5. 결과보다 과정과 경험이 중요하다고 생각한다	
6. 모임 분위기를 편안하게 만들기를 좋아한다	
7. 기운 있고 밝은 사람을 좋아한다	
8. 일은 혼자 하기보다 여럿이 팀을 이뤄하는 편이 좋다	
9. 자잘한 일은 그다지 신경 쓰지 않는다	
10. 목표나 계획 세우기가 힘들다	
11. 직장이나 가정의 분위기를 좋게 하려고 항상 애쓴다	
12. 감정 표현이 풍부한 편이다	
13. 경쟁이나 다툼보다는 평화적인 해결을 원한다	
14. 즐겁고 편안한 것이 좋다	
15. 쉽게 나태해진다	
16. 무언가에 너무 빠져서 중독되기도 한다	

매우 그렇다: 5점 | 그렇다: 4점 | 중간이다: 3점 | 그렇지 않다: 2점 | 전혀 그렇지 않다: 1점

약력형 : WK형	점
1. 체감, 감각, 직감에 따라 행동한다	
2. 남과 함께 있기보다 혼자 느긋하게 지내는 편이 좋다	
3. 느긋하고 부드럽게 말하는 편이다	
4. 겉모습이나 경력보다 분위기나 편안함으로 사람을 고른다	
5. 남에게 안심할 수 있고 위로가 된다는 말을 듣는다	
6. 남을 지원하고 도와주는 일을 좋아한다	
7. 남의 기분을 느끼고 동조한다	
8. 부드럽고 온화한 성격이라는 말을 듣는다	
9. 겉모습이나 기능성보다는 감촉과 감각으로 상품이나 서비스를 고른다	
10. 자주 불안하고 걱정된다	
11. 부탁받으면 거절하지 못한다	
12. 마음이 편안한 공간이나 아늑한 장소가 좋다	
13. 목표 설정이나 언어화가 힘들다	
14. 직감이 날카로운 편이라고 생각한다	
15. 스스로 결정하지 못하고 남에게 의존하는 편이다	
16. 정이 많고 배려가 깊다는 말을 듣는다	

4가지 유형 중 점수를 가장 많이 획득한 타입이 당신의 유형입니다.

표20 4가지 유형의 특징

EM 전자기력형	ST 강력형	GR 중력형	WK 약력형
□ 겉모습과 디자인에 반응한다	□ 소리에 반응한다	□ 체험에 반응한다	□ 체감(기)에 반응한다
□ 효과나 결과를 중시한다	□ 분석, 계획을 중시한다	□ 과정과 수련을 중시한다	□ 직감을 중시한다
□ 일단 말을 시작하면 멈추지 않는다	□ 정중하게 말한다	□ 끌리게 수다에 떤다	□ 천천히 말한다
□ 말이 감정적이고 빠르다	□ 논리적으로 설명한다	□ 분위기에 맞게 이야기한다	□ 말수가 적다
□ 화려한 옷을 고른다	□ TPO에 맞는 옷을 고른다	□ 독특한 옷을 고른다	□ 친근으로 옷을 고른다
□ 색, 디자인을 중시한다	□ 기능성을 중시한다	□ 감정에 맞춰 체험을 중시한다	□ 체감을 중시한다
□ 그림이나 그래프를 사용해 시각적으로 표현한다	□ 언어로 논리적으로 표현한다	□ 신체로 표현한다	□ 체감(기)으로 표현한다
□ 시각화능력이 좋다	□ 문장력이 좋다	□ 운동능력이 높다	□ 직감능력이 높다
□ 영상이나 사진으로 기억한다	□ 문장이나 단어로 기억한다	□ 신체로 기억한다	□ 체감을 기억한다
□ 미래, 비전을 말한다	□ 사실, 진리를 말한다	□ 현재를 말한다	□ 직감, 느낌을 말한다
□ 행동적이다	□ 사고력이 있다	□ 공감능력이 있다	□ 수동적이다
□ 경쟁적이다	□ 냉정하고 침착하다	□ 체험을 좋아한다	□ 애정이 있다
□ 목표 달성형	□ 계획, 전략적이다	□ 감성형이다	□ 천개방이다
□ 도전정신이 있다	□ 탐구심이 있다	□ 호기심이 왕성하다	□ 배려가 많다
□ 선구적이다	□ 신중하게 행동한다	□ 몸을 잘 쓴다	□ 타인을 생각하고 마음을 쓴다
□ 자립을 좋아한다	□ 데이터나 분석의 누리를 좋아한다	□ 분위기를 좋게 한다	□ 무료를 잘 한다
외향적×목적지향 (양×양)	내향적×목적지향 (음×양)	외향적×공감형 (양×음)	내향적×공감형 (음×음)
리더, 경영자, 기업가, 배우, 모델, 탤런트	전략가, 연구자, 발명가, 평론가, 컨설턴트, 감사, 의사, 과학자, 변호사	교섭이, 영업사원, 스포츠선수 등 신가, 탐험가, 스포츠 트레이너, 댄서	비서, 요양보호사, 치료사, 상담사, 피부 관리사, 마사지사

전자기력형(EM유형)

외향적이고 목적지향적입니다.

전자기력의 광자(포톤)는 빛의 속도로 움직이기 때문에 비슷한 EM유형은 생각이 나면 전광석화처럼 즉시 행동하는 행동력이 있습니다. 또, 광자가 물체에 부딪혀 반사되면 시각으로 인식할 수 있듯이 비전이나 영상과 같은 시각 정보를 분명하게 인식하는 유형입니다. 따라서, 타인에게 무엇인가를 말할 때도 미래의 비전이나 영상을 보여주는 경우가 많고, 말하는 속도도 빛처럼 빨라지는 경향이 있습니다.

시각이 우위이므로 상대방을 잘 관찰하고 자신도 남에게 어떻게 보일지 항상 의식하므로, 겉모습을 중시해 세련되고 멋진 옷을 입으며 화려한 색을 고르는 경향이 있습니다.

여성이라면 커다란 귀걸이나 반지를 착용하고 화려한 목걸이를 좋아하는 사람이 많습니다. 또, 손톱을 꾸미기도 좋아합니다. 남성은 세련되고 정열적입니다. 화려한 셔츠나 양복을 입는 편입니다.

전자기력에서 자석은 N극과 S극, 양성자와 전자는 양의 전하, 음의 전하가 있듯이 전자기력형 사람은 손해, 득실을 잘 따지며 흑과 백을 명확하게 구분하려는 경향이 있습니다. 자신의 가치관이나 사고방식과 맞는 사람과는 자석처럼 달라붙고, 자신과 맞지 않는 사람은 서로 밀어냅니다. 생각대로 되지 않으면 불만을 느끼기 때문에 타인과 대립하기 쉽고 짜증을 내기도 합니다.

미래의 비전과 목표가 있으면 행동하기 편하고, 새로운 일에 도전하면서 리더십을 발휘하는 유형이기도 합니다. 경영자나 기업가, 다른 사람 앞에 서는 탤런트나 배우, 모델 같은 연예계의 일이 어울립니다.

EM유형은 시각을 우선하므로 이미지 트레이닝이나 시각화를 통해 잠재의식을 수정합니다. 꿈꾸던 생활양식이나 살고 싶은 집의 사진을 잡지에서 오려 내어 벽이나 보드에 붙여 매일 보면 잠재의식이 자연스럽게 바뀌기도 합니다. 이것은 비전맵이나 보물 지도라는 기법으로 유명합니다.

또, 명확한 비전이나 목표가 있으면 동기가 자극돼 행동하기 더 쉬워지는 경향이 있습니다.

강력형(ST유형)

내향적이면서 목적지향이 강합니다.

강력은 중성자와 양성자를 결합하는 핵력으로, 그 힘이 미치는 범위와 원자핵의 크기, 도달하는 범위가 작습니다. 이와 비슷하게 강력형은 내향적으로 사물에 대해 깊이 생각하거나 진리 혹은 진실을 탐구하기를 좋아하는 유형입니다.

논리적인 사고로 판단하는 데 능숙하므로 상대에게 논리적 모순이 있으면 날카롭게 지적하는 경향이 있습니다. 독서를 좋아하고, 글로 자기의 생각과 이론을 정리해 쓸 수 있으며, 타인에게 논리적으로 설명하기를 좋아합니다.

청각이 우위이므로 소리에 민감하고, 타인에게 들은 말에 강하게 반응하기도 합니다. 냉정하고 침착하며 말수는 적지만, 어떤 일을 실현하기 위해 전략적으로 생각하고, 목표를 달성하기 위해 계획 짜기를 좋아합니다.

앞에서 설명한 전자기력형(EM유형)과 다르게 겉모습에 특별히 신경 쓰지 않으므로 화려한 옷보다는 차분하고 성실해 보이는 단정한 셔츠나 양복을 좋아합니다. 너무 튀는 옷보다는 TPO에 맞게 옷을 고르는 경향이 있습니다.

물건을 살 때는 분석하거나 조사해 비교 검토를 충분히 합니다. 예를 들어, 가전제품을 살 때는 다른 가전 판매점의 가격을 알아보거나 인터넷의 비교 사이트에서 가격과 성능을 충분히 비교한 후에 구매합니다. 행동하기 전에 깊이 생각하고 진중하게 판단하는 경향이 있습니다.

자기 생각과 이론이 뚜렷하므로 그에 맞지 않는 사람이 있으면 다소 비판적인 모습을 보이는 편입니다. 논리적이면서도 따지기 좋아하는 성격이기도 합니다.

규율과 규칙을 잘 따르려고 하며, 규율과 규칙을 깨는 사람을 보면 화가 나기도 합니다. **무슨 일이든 지침이나 규칙에 따라 살아가는 데 기쁨을 느끼는 유형**입니다.

또, 언어화에 능숙하므로 꿈과 목표를 종이에 쓰거나 목표를 수치화해 설정하는 것이 좋습니다. 예를 들면, '2025년 3월까지 월수입 100만 엔을 달성했다.' 이렇게 기한이나 수치를 가능한 한 명확하게 쓰세요. 청각이 우세하고 언어에도 민감하므로 매일 소리 내어 목표를 선언하는 어퍼메이션을 하거나, 녹음해서 매일 귀로 들으면 잠재의식이 자연스럽게 바뀌게 됩니다.

ST유형인 사람은 논리적 사고나 분석을 요구하는 과학자와 연구자, 언어와 수학을 사용하는 일, 변호사, 컨설턴트 등의 직업이 어울립니다. 정확함과 옳음을 추구하는 일이 잘 맞습니다.

키워드

#사고 #분석 #탐구 #발견 #성실 #신뢰

중력형(GR유형)

외향적이면서 공감형입니다.

중력은 모든 물질과 조화를 이루며 균형을 유지합니다. GR유형 역시 다른 사람에게 공감하는 능력이 뛰어나며, 회식이나 야외 스포츠 활동을 즐기는 등 혼자 있기보다 누군가와 함께 행동하는 편을 좋아합니다. 자고 먹는 등의 쾌락을 좋아하고, 어떤 일에 진지하게 몰두하기 어렵습니다.

즐거움, 설렘, 기쁨과 같은 감정으로 움직이는 유형이기 때문에 목표와 비전을 명확하게 설정해도 이러한 감정이 우러나지 않으면 움직이지 않습니다. 즐거운 이벤트, 설레는 일이 있으면 기꺼이 행동합니다.

인간관계를 매우 중요하게 여기므로 다른 사람과의 인연이나 만남을 중요하게 생각합니다. 조화나 협조성을 좋아하고 타인과 다투지 않으며 무슨 일이든 평화적으로 해결하려고 합니다.

목표를 설정하거나 계획을 세우는 데 서툴며 규율이나 규칙에 얽매이거나 속박되기를 싫어합니다. **언제든지 자유롭고 즐겁게 노는 일에 기쁨을 느끼는 유형**입니다.

여행을 갈 때는 사전에 계획을 세우거나 준비하지 않고 그 순간의 분위기에 따라 가고 싶은 곳으로 마음대로 가는 경향이 있습니다. 또, 새로운 일을 창의적으로 창조하기 좋아합니다.

타인을 편안하게 하는 분위기메이커로 재미있고 즐거운 것을 좋아하므로 개성 있고 재미있는 사람에게 끌리는 경향이 있습니다.

일에 관해서는 타인과의 관계를 중요하게 여기므로, 의사소통이 중요한 영업사원이나 서비스업이 어울립니다. 또, 신체를 움직이는 스포츠선수, 등산가, 탐험가, 스포츠 트레이너나 댄서도 좋습니다.

이런 유형은 타인에게 영향을 받아 꿈이 이뤄지는 경우가 많습니다. 이미 성공한 사람이나 운이 좋은 사람과 만나 잠재의식이 잘 바뀌므로, 다른 사람과 관계를 맺을 수 있는 장소에 적극적으로 나가면 좋습니다.

키워드

#공감 #체험 #협조 #창조

약력형(WK유형)

내향적이면서 공감형입니다. 조용하고 말수가 적은 편입니다.

외모는 부드러운 사람이고 편안한 옷을 입는 경향이 있습니다. 화려한 목걸이나 반지는 착용하지 않습니다. 또, 손톱을 꾸미지 않는 사람이 많습니다. 차분한 말투를 사용하고 함께 있으면 주위 사람들에게 안정감을 줍니다.

존재만으로도 사람들에게 위안을 주고, 애정을 가지고 사람을 대하며 한 사람 한 사람 소중하게 여기는 사람입니다. 상대의 기분을 살피고 배려하기 때문에 남들에게 친절하다는 평을 많이 듣습니다.

반면, 상대의 감정에 지나치게 이입해 갑자기 울거나 상대의 고통스러운 기분에 영향을 받아 괴로워하기도 합니다. 혼자서 지나치게 고민하고, 사람을 만나는 데 불안이나 두려움을 느끼기도 하는 무척 섬세한 유형입니다. 많은 사람과 만나기 힘들어해서 혼자 느긋하게 지내거나, 집이나 자연 속에서 여유롭고 편안하게 있기를 좋아합니다.

목표 설정이나 언어화를 힘들어해 '목표를 명확하게 합시다'라는 말을 들으면 오히려 고통을 느끼는 경우가 있습니다. 또, 다른 사람 앞에서 논리적으로 발표를 하거나 자기 생각을 글로 정리하는 일에 약합니다.

선택할 때는 자기도 모르게 느낌이나 감각으로 선택하기 때문에 선택의 이유를 물어보면 대답하지 못합니다.

감각이나 느낌을 토대로 살아가기 때문에 남에게 심한 말로 공격받으면 무척 힘들어합니다.

남에게 위로와 안심을 주는 직업인 상담사, 치료사, 말을 쓰지 않는 일인 피부관리사나 마사지사, 다른 사람을 지원하는 일인 비서나 서포터 등이 어울립니다.

WK유형의 사람은 이미지 트레이닝을 시도해도 아무것도 보이지 않는 유형입니다. 어퍼메이션도 잘 지속하지 못합니다. 이미지 트레이닝이나 목표 설정, 어퍼메이션보다는 **자신의 직감이나 감각에 따라 행동해야 꿈이 이뤄지는 유형**입니다.

명상하거나 자신만의 속도로 느긋하게 지내면서 자신과 마주하는 시간을 소중하게 보낸다면 소원이 더 잘 이뤄질 것입니다. 결론을 말하면, 특별한 노력을 하지 않고 직감에 따라 살아가는 것이 가장 좋습니다.

키워드

#사랑 #위로 #조화 #협력 #수용

여러분은 어떤 유형인가요?

유형에 따라 잠재의식을 바꾸는 방법이 완전히 다르다는 사실을 이제 아셨나요?

먼저 자신의 유형을 알고, 자신의 유형에 맞는 방법으로 잠재의식을 수정한다면 짧은 시간에 빠르게 소원을 실현하게 될 것입니다.

· · ✦ ✦ ✦ 법칙7 ✦ ✦ ✦ · ·

영향력의 법칙

만나는 사람에 따라
나와 미래도 바뀐다

이 세상에 작용하는 보이지 않는 힘

만유인력의 법칙에 따르면, 모든 물질은 서로 보이지 않는 인력으로 끌어당깁니다. 예를 들어, 테이블과 컵 사이도 눈에 보이지 않는 인력이 작용하고, 여러분과 여러분의 가족 사이에도 보이지 않는 인력이 작용합니다. '만유'란 모든 것을 뜻합니다.

즉, 우주에 있는 모든 것, 지구와 달, 은하계와 별 등 모든 물체 사이에는 인력이 작용한다는 말입니다. 전자와 양성자 같은 미시세계에서도 마찬가지로 인력이 작용합니다.

인력의 크기는 물체의 질량에 비례하고, 서로 간 거리의 제곱에 반비례합니다. 즉, 지구와 같이 질량이 큰 물체일수록 인력이 크고, 콩알처럼 질량이 작은 물체는 인력이 작습니다. 또, 두 물체의 거리가 가까울수록 인력이 커지고, 거리가 멀수록 인력은 작아집니다.

전자와 같은 미시세계에서도 비슷한 법칙이 있습니다.

바로 쿨롱의 법칙(Coulomb's law)입니다. 양의 전하와 음의 전하가 서로 끌어당기는 쿨롱의 힘의 크기는 두 전하의 곱에 비례하며, 거리의 제곱에 반비례합니다.

이렇게 쿨롱의 법칙과 만유인력의 법칙은 모두 거리의 제곱에 반비례하는 '역제곱 법칙'이 적용됩니다. 이것은 전자기파의 에너지도 마찬가지입니다.

전자레인지를 사용하면 전자기파가 방출되는데, 이 전자기파도 거리의 제곱에 반비례해 영향이 약해집니다. 전자레인지를 사용할 때 전자기파의 영향을 받고 싶지 않다면 되도록 가까이 가지 마세요.

사람 주위에도 전자기장의 에너지 필드가 있습니다.

전자기장의 에너지 필드는 일반적으로는 오라(aura)라고 불리는 것이 아닐까 생각합니다. 사람을 구성하는 원자에는 전자라는 음의 전하를 가진 소립자가 무수히 움직이고 있고, 그 전자가 움직임에 따라 전자기장이 발생합니다. 이것을 오라라고 정의할 수도 있을 것입니다.

역제곱 법칙은 인간관계에도 들어맞습니다. 사람은 가장 가까운 사람에게 영향을 받습니다. 평소에 누구와 지내는지, 누구와 가장 시간을 많이 보내는지에 따라 사고방식이나 가치관, 습관까지 바뀝니다. 이를 '영향력의 법칙'이라고 부릅니다.

사람의 영향력의 에너지 크기는 그 사람의 배움이나 경험의 크기에 비례하고, 만나는 사람과의 거리에 반비례합니다.

즉, 만유인력의 법칙에서 말하는 질량이 사람에게는 배움이나 경험이라고 가정할 수 있습니다. 많은 것을 배우고 경험하는 사람은 그만큼 타인에게 주는 영향력이 있습니다. 지식과 정보를 발신하는 SNS의 인플루언서는 실로 영향력이 큽니다.

사람 간 거리의 제곱에 반비례한다는 말은, **사람은 가장 가까운 사람의 영향을 받는다**는 뜻입니다. 만약, 가까운 친구들이 어둡고 음침한 사람뿐이라면 어떨까요? 아무리 당신이 밝은 성격이라고 해도 어두운 친구의 영향으로 성격이 점점 어두워질 것입니다.

반대로, 친구가 밝고 열정적이며 활력이 넘친다면 어떨까요? 당신이 기운이 없을 때 함께 시간을 보내기만 해도 기운이 날 것입니다.

'영향력의 법칙'에 따르면, 인생에서 성공하기 위해서는 '누구를 만나는지'가 가장 중요하다는 것을 알 수 있습니다.

사람은 왜 영향을 받는가

왜 사람은 주위 사람에게 영향을 받을까요?

인간의 뇌에 있는 **거울 뉴런**이라는 신경세포와 크게 관련이 있습니다.

거울 뉴런은 이탈리아의 저명한 신경심리학자인 자코모 리촐라티(Giacomo Rizzolatti) 교수가 자신의 연구팀과 함께 발견한 것으로, **타인의 행동을 보고 마치 자신이 같은 행동을 하듯이 거울처럼 반응하는 신경세포**를 말합니다. 거울 뉴런은 따라쟁이 세포라는 별명으로도 불립니다.

예를 들면, 아래와 같은 행동들이 거울 뉴런과 관련돼 있습니다.

- 하품이 전염된다.
- 말투를 따라 한다.
- 아기가 말을 흉내 내며 배운다.

거울 뉴런은 의도하지 않아도 저절로 따라 하게 합니다. 즉, 자기 의사와는 관계없이 함께 있는 사람이나 환경에 영향을 받는다는 것입니다. 그러므로 아무리 자신을 바꾸고 싶어도 지금 처한 환경에 발목을 잡힌다는 말입니다.

반대로, 거울 뉴런을 잘 활용하면 이상적인 인물을 모델링할 수도 있습니다. 자신의 미래 비전에 가까운 인물을 찾고, 그런 사람들이 모여 있는 환경에 가기만 해도 자신이 그 사람들과 비슷하게 변화하기 때문입니다.

그러므로 **성공하기 위해서는 가까이 만나는 사람을 신중하게 선택해야 합니다.** 부자가 되고 싶으면 부자를 만나세요.

연 수입 1억 엔 이상 벌고 싶다면, 연 수입 1억 엔 이상 버는 사람과 친해지세요. 건강해지고 싶다면 건강하고 활력이 넘치는 사람과 사귀세요.

매력적인 사람이 되고 싶다면 매력적인 사람과 만나세요.

사람은 자연스럽게 아름다운 사람, 예쁜 사람, 매력적인 사람에게 보이지 않는 힘에 의해서 끌립니다. 그리고 그런 사람들을 만나면 자연스레 당신도 아름답고 예쁘고 매력적인 사람이 될 것입니다.

평소에 당신은 어떤 사람과 만나고 있나요?

당신에게 가장 영향을 주는 가까운 존재는 누구입니까?

가족인가요?

배우자인가요?

물론 가족이나 배우자는 함께 있는 시간이 많으므로 틀림없이 크게 영향을 받습니다. 하지만 잊어서는 안 되는 중요한 존재가 있습니다.

당신에게 가장 가까운 존재는 누구입니까?

바로 '자신'입니다.

24시간 365일 당신과 만나는 사람은 바로 당신 자신입니다.

당신의 사고, 당신이 하는 말, 당신의 평소 행동이나 습관이 당신에게 가장 크게 영향을 줍니다.

그러면 지금부터 일평생 어떻게 자신과 사귀겠습니까?

사람은 하루에 6만~7만 번 정도 **내부 대화**를 합니다.

내부 대화는 셀프 토크라고도 하는데, 자기 머릿속에서 일어나는 혼자만의 속삭임입니다. 예를 들면, '피곤해' '배고프다' '오늘 뭐 하지' 이런 식으로 사람은 머릿속에서 이런저런 일을 중얼거립니다. 이런 중얼거림이 여러분의 잠재의식에 매일 새겨지고 있습니다.

부정적인 내부 대화를 하면 그 말이 잠재의식에 영향을 주고 행동에 제한을 주게 됩니다. 이 **내부 대화의 질을 바꾸는 일이 여러분의 소원을 실현하는 데 무척이나 중요합니다.**

소원 실현에 필요한 5가지 포인트

'영향력의 법칙'은 소원을 실현하기 위한 필수항목입니다. 이제 소원 실현에 필요한 5가지 포인트를 알려드리겠습니다.

포인트 1_만날 사람을 신중하게 고른다

사람은 가장 가까운 사람에게 영향을 받으므로 누구와 어떤 시간을 보내는지가 매우 중요합니다.

직장을 그만두고 사업을 시작하고 싶은 상황이라면, 같은 직장

동료에게 의논해 봤자 '사업은 위험해' '리스크가 있으니 그만두는 편이 좋을 거야' 이렇게 일방적으로 만류할 가능성이 크기 때문에 그다지 의미가 없습니다. 이미 사업으로 크게 성공한 기업가나 경영자에게 상담해야 합니다.

또, '결혼 상대는 특히 신중하게' 선택해야 합니다. 왜냐하면 결혼 상대는 자신 다음으로 가장 가까운 존재이기 때문입니다. 이것은 제 인생 경험에서 얻은 교훈입니다.

포인트 2 _ 부정적인 말을 하지 않는다

자신에게 가장 가까운 존재는 자기 자신입니다. 평소에 하는 말은 여러분의 잠재의식에 크게 영향을 줍니다. 부정적이고 비관적인 말, 자신을 탓하는 말은 가능한 한 하지 않아야 합니다.

포인트 3 _ 자신과 타인을 칭찬한다

자신을 칭찬하는 일과 타인을 칭찬하는 일은 잠재의식에 거의 비슷한 영향을 줍니다. 사람을 칭찬하거나 격려하면 그 말이 여러분의 잠재의식에도 입력돼 긍정적인 영향을 줍니다. 가능한 한 다른 사람의 험담이나 뒷말은 하지 말고, 사람을 칭찬하고 긍정적으로 평가하려고 노력해 보세요.

포인트 4_정보를 정확하게 조사해 취한다

사람은 가장 가까운 데서 영향을 받습니다. 사람뿐만 아니라 평소 접하는 정보도 마찬가지입니다. 부정적인 뉴스와 정보를 보면 잠재의식에 나쁜 영향을 줍니다. 일할 때 필요한 정보나 생활의 향상을 위해 필요한 정보는 좋지만, 가능한 한 자세하게 알아보고 정말 필요한 정보만을 받아들이도록 합시다.

텔레비전이나 미디어, 인터넷의 기사에는 우리에게 좋지 않은 영향을 주는 정보도 많으므로 자신에게 좋은 영향을 주는 것을 선별해서 찾고 받아들여야 합니다. 그 정보가 우리의 잠재의식에 입력돼 행동에 영향을 주기 때문입니다.

포인트 5_누구에게 배울지 고민한다

책을 읽거나 강연회에 참가해 배움을 얻는 일은 자신을 계발하기 위해서 매우 중요합니다. 그 배움의 과정에서 가장 중요한 부분은 '누구에게 배울까'입니다.

맛없는 식당의 주인에게 요리를 배운다면 어떻게 될까요?

골프를 이제 막 시작한 아마추어에게 골프를 배운다면 어떻게 될까요?

만약, 성공했다면 가능한 한 그 분야에서 최고, 아니면 'OO의 신'
으로 불리는 일류인 사람에게 배우세요.

어떤가요?

'영향력의 법칙'에서 한층 더 잘 살아가기 위한 힌트를 얻으셨나
요? 꼭 실천해 이상적인 인생을 만들어보세요.

• 사람은 주변인의 영향을 받기 때문에 누구와 함께하는지가 성공의 열쇠이다.

• 자신과 가장 가까운 사람은 '자신'이다.

• 평소에 접하는 사람, 정보, 언어가 당신의 잠재의식에 영향을 준다.

+ 과제 + --

질문 ❶ 여러분에게 이상적인 자기상은 어떤 모습입니까? 존경하는 성공인

은 누구입니까?

질문 ❷ 어떻게 하면 그 이상에 가까워질 수 있습니까?

음양의 법칙

부정적인 자신을 받아들이면 성공은 따라온다

성공은 셀프 이미지로 결정된다

성공하기 위해 가장 중요한 일은 무엇일까요?

바로 **셀프 이미지를 높이는 것입니다.**

셀프 이미지란 자신이 무의식적으로 생각하는 자신의 이미지를 말합니다. 예를 들어, '사람들 앞에서 말을 제대로 하지 못한다'라는 셀프 이미지가 있으면 실제로 사람들 앞에서 말을 하지 못하고, '일할 때 실수를 너무 많이 한다'라는 셀프 이미지가 있으면 실제로 일에서 실수를 연발합니다. 우리가 자신에 대해 어떤 이미지를 가졌는지에 따라 일이나 생활에서 크게 영향을 받습니다.

또, '이성에게 인기가 없다'라는 부정적인 셀프 이미지가 있으면 이성에게 적극적으로 말을 걸거나 데이트를 할 수 없어서 실제로 이성의 관심을 얻기 어렵습니다.

왜 셀프 이미지가 바뀌면 성공이 찾아올까요?

양자역학적 관점에서 말하면, 셀프 이미지란 자기 자신이 발산하는 오라이므로 셀프 이미지가 바뀌면 오라가 바뀌기 때문입니다.

셀프 이미지는 자기가 발산하는 에너지이기도 합니다. 에너지와 주파수의 관계식으로 나타낼 수 있으므로, 셀프 이미지도 앞에서 말한 주파수로 표현 가능합니다.

다음의 식을 한 번 더 복습해 봅시다.

$E = h v$

E는 에너지, h는 플랑크 상수, v는 주파수였습니다.

자신이 발산하는 주파수, 즉 오라가 바뀌면 그와 공명해서 현실도 바뀝니다.

매일 야단맞고 부정적인 별명으로 불리면 말의 에너지로 부정적인 감정이 생기고 점차 셀프 이미지가 나빠집니다. 셀프 이미지가 나빠지지 않게 하려면 주변에 비관적이고 부정적인 언어를 쓰는 사람을 두거나 사귀지 않는 편이 좋다는 이야기도 '영향력의 법칙'에서 알려드렸습니다.

드림 킬러(dream killer)라는 단어를 들어본 적이 있나요?
남의 꿈과 목표를 부정하는 사람을 가리킵니다.

당신이 이루고 싶은 꿈이나 목표를 말로 할 때
'그건 무리잖아'
'될 리가 없어'
'그만두는 게 나아'
라는 이런 부정적인 말을 들으면 목표에 대한 꿈이나 동기가 급격히 사그라듭니다.
부정적인 말은 여러분의 마음은 물론 신체에도 영향을 미칩니다. 여러분이 소원을 실현하고 싶다면 이러한 부정적인 말을 할 가능성이 있는 드림 킬러에게는 되도록 자신의 꿈과 목표를 말하지 않는 편이 좋습니다.

부정적 사고에서도 셀프 이미지를 높이는 방법

셀프 이미지를 높이려면 어떻게 하면 좋을까요?

바로 **부족한 자신을 받아들여야** 합니다.

여러분은 자기 자신을 좋아하나요?

'나 자신이 너무 좋아!'라고 대답하는 분은 이미 행복과 풍요를 누릴 조건을 갖추고 있습니다. 자신에게 싫은 부분이 있고, 단점이 있으므로 자신을 좋아할 수 없다고 답하는 분은 먼저 자신을 좋아하고 사랑해야 합니다.

'어떻게 나의 싫은 부분을 좋아하죠? 싫은 면이 있는데도 사랑하기는 어려워요'라고 답하는 분도 계실 것입니다.

이런 질문도 자주 듣습니다.

'긍정적인 마음이 좋다는 것은 알면서도 저도 모르게 부정적인 감정이 자주 듭니다. 부정적인 사람이면 안 되나요?'

도대체 부정적인 성격이란 어떤 성격일까요?

- 자기도 모르게 나쁜 쪽으로 생각하게 된다.
- 늘 불안하고 걱정만 한다.
- 언제나 부정적인 말을 한다.
- 무슨 일을 해도 잘 안될 거라고 생각한다.
- 자신의 싫은 부분만 본다.

이런 성격이라면 부정적인 자신이 잘못되었다고 생각할 것입니다. 왜냐하면, 대부분 우리는 '부정적인 것은 좋지 않다' '긍정적으로 사는 편이 좋다' '항상 긍정적으로 살아야 한다'라는 편견에 사로잡혀 있기 때문입니다.

자기계발서에는 '설레는 마음으로 즐겁게 살자' '더 긍정적으로 밝게 살아가자' '긍정적으로 살면 좋은 일이 생긴다'라는 메시지가 많이 쓰여 있습니다. 하지만 이런 교훈을 고민하지 않고 그대로 삼켜버리면 '부정적＝나쁘다'라는 공식이 만들어져 버립니다.

그러면 이 부정적인 성격은 정말 나쁘기만 할까요? 결론부터 말하면, '부정적인 자신'이 있어도 전혀 문제 되지 않습니다.

우선은 부정적인 성격에 어떤 이점이 있을지 생각해 봅시다.

- 모든 일을 신중하게 판단해 잘못된 결정을 막을 수 있다.
- 현실적으로 판단하고 주변에 휩쓸리지 않는다.
- 용의주도하게 사전 준비를 해 위험을 피한다.

이처럼 상황에 따라 생각할 수 있는 장점은 많이 있습니다.

예를 들어, 경영자에게 부정적인 성격은 오히려 좋은 방향으로 작용합니다.

재차 위험도를 따져 보고 신중하게 준비하므로 경영 판단에서는 득이 되는 방향으로 작용합니다. 경영자의 자질로는 최악의 상황을 상정한 판단이 매우 중요합니다.

만약, 세상에 긍정적인 사람만으로 넘쳐난다면 어떨까요? 오히려 문제만 생길 것입니다. 과도하게 긍정적인 사고만 한다면, 제한속도가 시속 80킬로미터인 고속도로를 시속 300킬로미터로 달리는 위험한 일이 벌어질지도 모릅니다.

긍정적인 사고로 인한 나쁜 점을 들어보면 다음과 같은 것이 있습니다.

- 막무가내로 덤벼들어 생각 없이 판단하고 행동해 버린다.

- 현실적으로 판단하지 못하고 남에게 휩쓸린다.

- 너무 열정이 넘치면 주위 사람들이 짜증을 낸다.

부정적인 사고뿐만 아니라, 일반적으로 단점이라고 생각하는 성격도 받아들이기에 따라서 장점으로 바뀌기도 합니다.

- 포기하지 못한다→ 끈기 있다

- 화를 잘 낸다→ 감정 표현이 직설적이다

- 완고하다→ 의지가 강하다

- 고집이 세다→ 주관이 뚜렷하다

이렇게 어떤 일을 보는 시각을 바꾸는 것을 심리학에서는 리프레이밍(reframing)이라고 합니다.

아무리 훌륭한 그림이라도 액자(프레임)가 초라하면 그림 역시 초라하게 보입니다. 반면, 아무리 초라한 그림이라도 멋진 액자에 끼워 두면 훌륭한 그림으로 보이기도 합니다.

즉, 얼핏 자신이 싫어하는 성격이라고 생각하던 부분도 받아들이는 시각을 바꾸면 장점이 되고, 좋다고 생각하던 성격도 단점이 될 수 있습니다.

양자역학으로 풀어보는 음양의 법칙

우리가 사는 우주는 '음양의 법칙'으로 성립돼 있습니다. 보통 음양의 법칙은 태극도로 나타내기도 합니다. 흰 부분을 양, 검은 부분을 음이라고 합니다.

음양의 법칙이란 '삼라만상은 음과 양의 2가지 요소로 이뤄져 있다'라는 우주의 법칙입니다.

우주의 모든 것은 음이 있어 양이 있으며, 양이 있어 음이 있습니다. 남성이 있으면 여성도 있고, 빛이 있으면 어둠이 있고, 여름이 있으면 겨울도 있습니다. 바꿔 말하면, 음이 없으면 양도 존재하지 않고, 양이 없으면 음도 존재하지 않습니다.

양자역학의 세계에서도 '음양의 법칙'이 성립합니다. 덴마크의

표21   태극도와 '파동과 입자'

표22   '불확정성 원리'와 음양의 관계

이론물리학자 닐스 보어(Niels Bohr)는 '상보성 원리'에서 상반된 것이 서로를 보완한다고 했습니다.

예를 들면, 물질의 최소단위인 소립자에는 '파동성'과 '입자성' 2가지 성질(이중성)이 있습니다. 게다가 소립자는 관측되지 않으면 파동성을 가지고, 관측되면 입자성을 가집니다.

파동성이란 소립자는 파동의 성질을 가진다는 것이고, 입자성이란 소립자는 입자의 성질을 가진다는 것입니다.

이러한 소립자의 파동과 입자의 이중성은 서로 상반하는 성질이지만, 이 역시 음양의 관계입니다.

독일의 이론물리학자인 하이젠베르크가 제창한 소립자의 위치와 속도는 동시에 측정할 수 없다는 '불확정성 원리'에서도 위치는 '정(靜)', 속도는 '동(動)'으로 음양의 관계에 있습니다.

원자는 양의 전하를 가진 양성자와 음의 전하를 가진 전자로 구성돼 있습니다. 즉, 원자는 양성자와 전자라는 '음과 양'으로 성립됩니다.

우주 창조도 음양으로 설명할 수 있다

우주의 창조 과정에서도 '음양의 법칙'이 작용합니다.

우주는 약 138억 년 전 탄생 순간의 10^{-36}초에서 10^{-34}초 후라는 극히 짧은 시간에 극소였던 우주 공간이 급격하게 팽창해, 그때 방출된 열에너지가 빅뱅의 불덩어리가 돼 폭발해 탄생했으며, 계속해서 팽창하고 있습니다. 이것을 **인플레이션 이론**(급팽창 이론)이라고

표23 인플레이션 이론과 주역

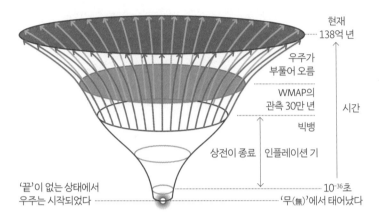

현재
138억 년

우주가
부풀어 오름

WMAP의
관측 30만 년

시간

빅뱅

상전이 종료 │ 인플레이션 기

'끝'이 없는 상태에서
우주는 시작되었다

10^{-36}초

'무(無)'에서 태어났다

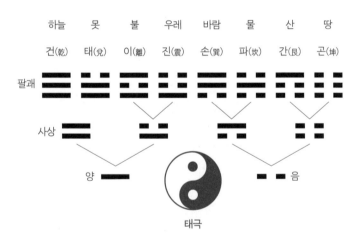

하늘	못	불	우레	바람	물	산	땅
건(乾)	태(兌)	이(離)	진(震)	손(巽)	파(坎)	간(艮)	곤(坤)

팔괘

사상

양

음

태극

합니다.

우주는 이대로 계속해서 팽창할까요? 아니면 다시 수축해 하나가 될까요? 그도 아니라면 얼음처럼 굳어버릴까요? 이에 대해서는 다양한 주장이 제기되고 있습니다. 저는 우주도 소립자처럼 진동한다고 생각하므로 계속 팽창하다가 결국 하나로 축소할 것으로 예측하고 있습니다.

대폭발(빅뱅)과 반대로 이렇게 축소되면서 종말한다는 가설을 **대붕괴**(big crunch)라고 합니다.

우주의 탄생 프로세스는 물질과 반물질에 의한 **쌍생성, 쌍소멸**의 반복으로 시작됐습니다. 소립자로 구성된 것을 **물질**, 소립자와 반대의 전하를 가진 반입자로 구성된 것을 **반물질**이라고 합니다. 예를 들어, 음의 전하를 가진 전자를 입자라고 하면 반입자는 양의 전하를 가진 양전자라고 합니다.

소립자와 반입자가 하나가 돼 사라지는 것을 **쌍소멸**, 빛에서 소립자와 반입자가 생성되는 것을 **쌍생성**이라고 합니다.

그런데 어떻게 우리가 사는 우주에 물질이 존재할까요?

원래 우주는 아무것도 없는 무의 공간이었습니다. 원래 같은 수

만큼 있었던 소립자와 반입자가 쌍소멸해 물질과 반물질이 모두 사라지고 아무것도 남지 않았기 때문입니다. 그런데 어떤 이유로 소립자와 반입자 수의 균형이 무너져 조금이라도 소립자의 수가 반입자의 수보다 많아지면 반물질은 사라지고 물질만 남게 됩니다. 이렇게 균형이 무너지는 것을 'CP 대칭성 붕괴'라고 합니다.

예를 들어, 소립자가 남성, 반입자가 여성이고 소립자와 반입자의 결혼 활동 파티가 개최되었다고 생각해 보세요. 만약, 남성과 여성의 수가 같으면 언젠가는 모두 짝을 찾아(쌍소멸) 결혼 활동 파티장

표24) 쌍소멸과 쌍생성

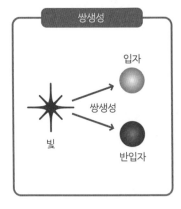
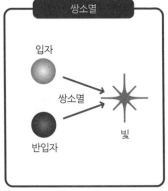

에 아무도 남지 않게 됩니다. 그러나 남성의 수가 여성의 수보다 많다면 마지막에 짝을 찾지 못한 남성들이 파티장에 쓸쓸하게 남을 것입니다(웃음). 이렇게 남겨진 남성들(소립자) 그룹이 물질이 되었다는 비유입니다.

물질과 반물질, 소립자와 반입자는 상반되는 것이므로 그야말로 음과 양이 통합해 우주에 물질이 탄생했다고 말할 수 있습니다. 우주 창조 과정의 인플레이션 이론과 음양으로 성립하는 주역의 사고는 무척 닮았습니다.

즉, 우리 인간을 구성하는 것도 소립자이기 때문에 양자역학의 '상보성의 원리'와 마찬가지로 음과 양의 2가지 성질을 모두 가지는 것이 우리의 본질이기도 합니다.

세상에 완벽한 사람은 없습니다. 긍정적인 면도 있으면 부정적인 면도 있습니다. 부정적일 때는 음기, 긍정적일 때는 양기라고 하는데, 상황이 좋을 때도 있고 나빠져서 우울할 때도 있습니다.

'부정적인 부분'이 있다는 것이 우리가 살아가는 우주의 섭리이며 없앨 수는 없습니다. 만약, 없애버린다면 우주가 탄생하기 전의 무의 세계와 마찬가지로 여러분 자신이 이 세상에서 사라져 버립니다. 사라지는 것도 없애는 것도 불가능하므로 부정하지 말고 받아들여 소중하게 여겨야 합니다.

이런 이야기를 하면 '그래도 부정적이면 파동을 사그라들게 하지 않나요?'라고 의문을 가지는 사람도 있습니다.

분명 '끌어당김의 법칙'의 관점에서 보면 부정적인 파동은 부정적인 현상을 끌어당기므로 긍정적인 일을 끌어당기고 싶다면 긍정적인 언어와 발전적인 행동을 해야 합니다. 다만, '긍정은 좋고 부정은 나쁘다'라는 뜻은 절대 아닙니다.

세상만사는 음과 양의 균형을 유지하며 성립됩니다.

남성과 여성이 없으면 인류는 존속할 수가 없습니다. 만약, 이 세상이 남자뿐이라면 어떻게 될까요? 자연스럽지 않을 것입니다. 남녀 양쪽 모두 필요합니다.

자연계에는 선악의 개념이 없고, 우주는 어느 쪽으로도 치우치지 않으며 모든 것이 중립(중용)입니다. 그리고 사실 중용일 때가 가장 파동이 높은 상태입니다. **자신의 긍정성과 부정성을 모두 판단**

하지 않고 받아들이는 중립의 상태가 가장 파동이 높고 에너지도 높습니다.

자신이 부정적이어서 파동이 낮은 것이 아니라, 그 부정적인 자신에 대해 좋지 않은 감정으로 얽매여 있어 파동이 낮아지는 것입니다.

태극도에서는 음 안에 있는 양을 **음중양**, 양 안에 있는 음을 **양중음**이라고 합니다. 즉, 부정적인 부분에도 좋은 점이 있고, 긍정적인 부분에도 아쉬운 점이 있다는 말입니다.

태극도와 마찬가지로 자신에게 부족하다고 생각하는 성격에도 좋은 부분이 있고, 장점이라고 생각하는 성격에도 나쁜 부분이 있습니다.

빛이 있으면 어둠이 있고, 남성이 있으면 여성이 있고, 산이 있으면 계곡이 있고, 양성자가 있으면 전자가 있고, 물질이 있으면 반물질이 있다는 것이 이 세계의 진리입니다.

만화『호빵맨』을 그린 야나세 다카시(柳瀬嵩) 작가도 말합니다.

"세균맨은 식품의 적이지만, 호빵을 만드는 빵 역시 균이 없으면 만들 수 없습니다. 도움이 되는 면도 있습니다. 즉, 적이면서도 같은 편, 같은 편이면서도 적이 됩니다. 선과 악은 언제나 다투면서 공생

합니다."

여러분이 좋다고 생각하는 부분이든 나쁘다고 생각하는 부분이든 모두 여러분의 일부입니다. 자신이 행복해지는 데 필요한 성격임을 알게 되면, 자신의 모든 성격을 받아들이고 인정하며 사랑할 수 있게 됩니다.

먼저 자신의 전부를 받아들이고 사랑하는 일부터 시작해 봅시다. **그러면 점차 자신이 좋아지고 긍정적인 셀프 이미지를 갖게 될 것입니다.**

- 세상은 음과 양으로 성립돼 있다.

- 부정적인 자신을 받아들이고 자신을 사랑하면 셀프 이미지가 좋아진다.

질문 ❶ 당신의 장점은 무엇입니까? 당신의 단점은 무엇입니까? 생각나는 대

로 모두 적어보세요.

질문 ❷ 그 단점을 장점으로 바꾸어 말하면 어떻게 될까요?

질문 ❸ '부정적인 자신을 받아들이고 사랑한다'라고 생각하면 어떤 느낌이

드나요?

· · · · ◆ 법칙9 ◆ · · · ·

에너지의 법칙

내가 준 에너지는
반드시 되돌아온다

모든 것이 하나인 이유

부메랑의 법칙을 들어본 적이 있나요?

다른 사람에게 했던 일이 자신에게 부메랑처럼 돌아온다는 가르침은 옛날부터 흔히 들어왔습니다. 원인과 결과의 법칙으로도 유명합니다.

사실 이것은 자연의 법칙이며, 물리학의 세계에서는 **작용반작용의 법칙**으로 설명합니다. 작용반작용의 법칙이란 물체에 힘을 가하면 그와 같은 힘이 반대 방향으로 작용한다는 운동의 제3법칙입니다. 상대를 주먹으로 때리면 자기 주먹도 아픕니다.

상대에게 상처를 주는 일은 나에게 상처를 주는 일과 같고, 상대에게 거짓말을 하는 것은 나에게 거짓말을 하는 것과 같습니다.

반대로, 상대에게 기쁨을 주면 나에게 기쁨이 돌아오고, 상대를 행복하게 하면 나도 행복해집니다. 인생에서 성공하려면 얼마나 주는지가 중요합니다. '상대에게 기쁨을 계속 준다.' 이것이 성공의 비결입니다.

저는 학생 시절에 인생을 바꿀 기회가 된 패러다임 전환을 명상 중 경험했습니다.

명상을 하면서 '나는 무엇인가?'에 대해 생각하고 있었습니다. '만일 이 팔이 없어진다면 없어진 팔은 내 것일까?' '만일 머리카락이 빠지면 빠진 머리카락은 내 것일까?' '그 머리카락이 썩어서 흙으로 돌아간다면 그 흙은 나일까?' '도대체 어디서부터 어디까지가 나일까?' 혼자 이런 질문을 하고 스스로 답을 찾고 있었습니다.

자문자답하면서 어디까지가 나 자신이고, 어디까지가 타인인가를 생각하는 동안 '모든 것은 하나로 이어져 있다'라는 사실을 깨달았습니다.

이는 우주 탄생의 순간을 상상하면 알 수 있습니다.

우주가 탄생할 때는 수많은 생명, 식물, 동물, 인류 모두가 원래 하나의 에너지 덩어리였고, 거기서 우주 창조의 빅뱅을 통한 대폭발로 다양한 물질이 탄생했습니다. 아인슈타인이 도출한 관계식 $E=mc^2$에서도 우주 창조의 에너지가 물질로 바뀌어 우리가 사는 지구가 태어나고 생명이 탄생했다는 사실을 알 수 있습니다.

"만물은 하나이며, 일체이다."라는 말을 체감할 수 있습니다.

세상 모든 물체는 눈에 보이지 않는 에너지로 이어져 있습니다. 이렇게 생각해 보면 상대에게 기쁨의 에너지를 주면 그 파동이 파도처럼 전해져 자신에게 돌아온다는 것도 이해할 수 있습니다. 반대로, 고통의 에너지를 전해준다면 그 파동 역시 돌아옵니다.

만물이 에너지로 이어져 있음을 알면 자연과 그 세계에서 살아가는 데 필요한 원리 원칙이 보입니다.

다음은 틀림없는 진실이며 보편적인 원리 원칙입니다.

- 남을 속이는 것은 자신을 속이는 것이다.
- 남에게 친절하게 대하는 것은 자신에게 친절하게 대하는 것이다.
- 남에게 기쁨을 주는 것은 자신에게 기쁨을 주는 것이다.
- 남에게 욕을 하는 것은 자신에게 욕을 하는 것이다.

그러면 왜 모든 것이 자신으로 이어질까요?

왜냐하면 모든 것은 하나이자 일체이기 때문입니다.

이 원리 원칙을 알면 어떻게 살아가야 할지 자연히 보입니다.

여러분이 보는 세계도, 마주하는 타인(상대)도 모두 여러분이며 자기 투영입니다.

사람의 6가지 단계

사람이 도달하는 단계는 6가지가 있습니다. 사람의 존재와 사고의 성장을 표현하는 개념인데, 저는 이를 '사람의 6가지 단계'라고 합니다.

단계별로 하나씩 분류하면서 소개하겠습니다.

1단계_Take & Take / 남에게서 계속 빼앗는 사람

남의 돈과 시간, 인맥을 계속 뺏는 사람입니다. 예를 들면, 백화점에서 시제품이나 무료 샘플만 받고 실제로 상품은 사지 않는 사람을 떠올리면 알기 쉽습니다. 이 단계의 사람과 만나면 돈이나 시간을 빼앗으므로 함께 시간을 보내도 시간을 낭비했다는 느낌이 듭니다.

2단계 _ Take & Give / 남에게 받으면 주는 사람

남에게 도움을 받으면 갚는 사람입니다.

예를 들면, 생일 선물을 받으면 보답을 하는 사람이나, 명절에 선물을 받으면 답례를 하는 사람입니다. 서비스를 받고 나서 나중에 돈을 내는 사람도 해당합니다.

3단계 _ Give & Take / 남에게 먼저 주고 나서 받는 사람

먼저 남에게 무엇인가를 주고 나서 받는 사람입니다.

예를 들면, 선물을 먼저 주고 나서 답례를 받는 사람입니다. 또, 먼저 돈을 낸 후 서비스를 받습니다.

4단계 _ Give & Give / 남에게 돌려받기를 바라지 않고 계속 주기만 하는 사람

먼저 남에게 주고 계속 주는 사람입니다.

보답을 바라지 않고 먼저 상대가 바라는 것을 줍니다. 예를 들면, 자신이 가진 정보나 지식, 돈을 계속 나눠준다거나 자신의 인맥을 계속해서 소개해 주는 사람입니다. 사업이나 회사에 투자하는 에인절 투자자 | 자금이 부족한 신생 벤처 기업에 자본을 대는 개인 투자자 - 옮긴이 | 도 계속 주는 사람입니다.

5단계_Give & Forget / 너무 많이 베풀기만 해서 베풀었다는 사실 조차 잊어버리는 사람

아끼지 않고 계속해서 주기 때문에 누구에게 무엇을 주었는지를 잊어버리는 사람입니다. 예를 들면, 유튜브에서 가치 있는 정보, 도움이 되는 정보를 계속 업데이트하지만, 누구에게 어느 정도 도움이 되는지 신경 쓰지 않고 계속 콘텐츠를 업데이트만 하는 유튜버, 지인이나 회사에 공헌하는 일에 기쁨을 느끼는 사람 등입니다.

6단계_Give & Love / 남에게 대가 없이 애정을 주는 사람

마치 부처나 예수처럼 아낌 없이 애정을 계속 주는 사람입니다.

이 세상의 모든 존재가 사랑이라는 사실을 깨닫고, 만나는 사람을 행복으로 이끌어주거나 대가 없는 애정을 계속 주는 사람입니다.

당신은 어떤 단계에 있습니까?

만약, 행복과 풍요로움을 더 끌어당기고 싶다면 보답을 바라지 말고 계속 베푸는 존재가 되세요. 그러면 몇십 배, 몇백 배의 행복과 풍요로움을 얻을 수 있습니다.

단계가 높아지면 풍요로움을 끌어당긴다

그러면 왜 단계별로 끌어당기는 힘이 달라질까요? 왜 단계가 올라가면 풍요로워질까요?

그 이유는 계속해서 주는 사람은 에너지가 높고, 영향력이 있는 사람이기 때문입니다. 남에게 좋은 영향을 계속 주면 자연스럽게 풍요로움을 끌어당깁니다.

사람은 본질적으로 아래와 같이 2가지 분류로 나뉩니다.

• 사랑을 선택해 살아가는 사람
• 불안과 두려움을 선택해 살아가는 사람

Take&Take인 사람은 불안과 두려움을 안고 살아가기 때문에 남에게 베풀 수가 없습니다.

돈이나 삶에 대한 불안과 두려움을 바탕으로 사는 사람은 마음에 여유가 없으므로, 그 불안과 두려움을 없애기 위해 남에게 받거나 뺏으려고 합니다.

반면, Give&Give 이상의 단계에 있는 사람은 불안과 두려움에서 해방돼 사랑을 바탕으로 살아가므로 자연스럽게 마음에 여유가 생기고 상대에게 기쁨을 주기 위해 노력하면서 살아갑니다. 이 단계에 있는 사람은 무의식적으로 '어떻게 하면 더 기쁨을 줄까?' '어떻게 하면 상대가 더 행복해질까?' 이런 질문을 스스로 던지고 답을 찾기 때문에 자연스럽게 남에게 기쁨과 감동을 주는 행동을 합니다.

즉, Give&Give 이상의 단계로 살아가기 위해서는 불안과 두려움을 의식하지 말고 사랑을 바탕으로 행동해야 합니다.

표25 · 사람의 6가지 단계

어떤 일이든 애정을 가지고 임하며, 누구에게나 사랑으로 대한다면 자연스럽게 행복과 풍요를 끌어당길 수 있습니다.

- 모든 것은 하나이며 일체이고, 에너지로 이어져 있다.

- 상대에게 기쁨의 에너지를 주면, 기쁨의 에너지가 돌아온다.

- 보답을 바라지 않고 아낌없이 계속 주는 사람은 자연스럽게 풍요로워진다.

중용의 법칙

균형을 지키면
운과 행복도 커진다

진정한 행복은 균형을 지킬 때 이뤄진다

여러분에게 '행복'은 무엇입니까?

여러분에게 '성공'은 무엇입니까?

'행복'과 '성공'의 차이는 무엇일까요?

'행복'은 얻을 수 있는 감정을 말합니다.

기쁨, 즐거움, 만족감 등 긍정적인 감정을 느낄 때 행복이라고 합니다. 가족과 함께 즐겁게 지내는 일이 행복일 수도 있고, 맛있는 밥을 먹을 때 행복을 느끼는 사람도 있습니다.

반면, '성공'은 얻을 수 있는 결과입니다. 꿈이나 목표를 실현했다면 성공했다고 말합니다.

마라톤 대회에서 우승하면 성공이라고 하는 사람도 있고, 완주하기만 해도 성공이라고 생각하는 사람도 있습니다. 고층 맨션같이 살고 싶은 집을 사면 성공이라고 하는 사람도 있고, 연봉 1억 엔을 달성하면 성공이라고 생각하는 사람도 있습니다.

사실 '행복'과 '성공'도 양자역학적으로 설명 가능합니다.

'행복'은 얻을 수 있는 감정이므로 눈에 보이지 않으며, 양자역학적으로는 관측할 수 없는 파동의 성질을 가집니다. 반면, '성공'은 얻을 수 있는 결과이므로 눈에 보이는 입자의 성질을 가집니다.

이를 바탕으로 행복한 성공인이 되려면 어떻게 해야 될까요?

행복한 성공인이 되기 위해서는 행복과 성공을 균형 있게 갖춰야 합니다.

이 세상에는 매일 행복을 느끼고 살아도 성공을 얻지 못하는 사람도 있고, 세간의 눈에는 성공을 이룬 듯 보여도 행복을 느끼지 못하는 사람도 있습니다. 그 원인은 균형이 잘 잡혔는가 그렇지 않은가에 있습니다.

인생의 여덟 기둥

여기서 제 코칭 방법의 핵심을 소개하고자 합니다. 제가 가장 중요하게 생각하는 부분이 '인생의 여덟 기둥'입니다. 이 8가지 요소를 균형감 있게 유지하는 것이 사람을 행복과 성공으로 이끄는 데 중요한 요인입니다.

구체적으로 인생의 여덟 기둥이란 첫째는 돈, 둘째는 일, 셋째는 시간, 넷째는 인간관계, 다섯째는 건강, 여섯째는 마음(의 여유)**, 일곱째는 성장, 여덟째는 공헌**을 말합니다.

만약, 일이 즐겁고 충실하더라도 수입이 없으면 어떨까요?
생활에 어려움을 겪게 됩니다.

반대로, 일이 즐겁고 충실하며 돈도 벌지만 인간관계가 좋지 않고 건강도 나쁘다면 어떨까요?

아무리 일이 즐겁고 돈을 번다고 해도 인간관계가 좋지 않고 건강을 해치고 있다면 행복을 느낄 수 없습니다.

그러면 일도 즐겁고 돈도 벌면서 인간관계도 양호하고 시간도 자유롭게 쓰면서 마음이 풍요로워 매일 성장하며 매일 공헌하고 있다면 어떨까요?

최고로 행복할 것입니다!

이 예에서 알 수 있듯이 행복과 성공을 손에 넣기 위해서는 인생의 여덟 기둥을 하나하나 균형 있게 성장시켜야 합니다. 어느 하나에만 치우쳐선 안 됩니다.

무슨 일이든 균형이 중요합니다. 이는 유교에서 설명하는 '중용'의 사고방식과 같습니다. '중용'은 공자가 최고의 '덕'으로 여기는 개념으로 어느 한쪽으로 치우침 없이 지나치거나 모자람이 없고 도리에 맞는 것이 '중(中)'입니다.

지나치게 일하거나 지나치게 노는 것은 좋지 않으며, 지나치게

표26 인생의 여덟 기둥

먹거나 지나치게 먹지 않는 것도 좋지 않습니다. 무슨 일이든 지나치지 않은 적당함이 딱 좋습니다.

인생의 여덟 기둥을 자동차 바퀴라고 생각해 보세요. 만약, 어느 하나라도 기울어져 있다면 바퀴가 덜그럭거려 순조롭게 앞으로 나아갈 수가 없습니다. 무슨 일이든지 순조롭게 진행하기 위해서는 인생의 여덟 기둥을 균형 있게 채워가야 합니다.

인생의 여덟 기둥의 균형이 제대로 잡히면 어떻게 될까요?

우선 자신이 내뿜는 주파수가 바뀌어 오라의 질이 좋아지므로 운기가 상승합니다. 게다가 직감도 또렷해져 매사를 넓은 시야로 조망할 수 있게 됩니다. 운이 좋은 사람이란 행복과 성공의 균형을 잘 잡은 사람을 말합니다.

행복한 성공인이 가진 아기 뇌

사람이 태어나면 죽을 때까지 끊임없이 하는 일이 있습니다.

바로 계속 배우고 성장하는 것입니다.

사람뿐만 아니라 세상 모든 생명, 식물, 동물, 그리고 우주 역시 계속 진화합니다.

어떻게 하면 비약적으로 계속 성장할 수 있을까요?

우주의 생성 과정과 양자역학에 힌트가 있습니다.

우주는 약 138억 년 전에 창조되었는데, 초기에는 수소와 헬륨 등의 원자밖에 없었습니다.

그러면 다양한 원자와 물질은 어떻게 생겨났을까요?

이론상으로는 원자끼리 서로 부딪쳐 항성이 생기고 핵융합으로 새로운 원자가 생성되었다고 합니다. 원자끼리도 결합해 새로운 분자를 만들어 낼 수 있습니다. 예를 들면, 수소 원자와 산소 원자가 결합해 물 분자가 탄생하는 것처럼 말입니다.

이것은 인간의 다양한 가치관과 생각들이 충돌해 새로운 사고방식과 철학이 만들어지는 것과 비슷합니다. 사람이 성장할 때는 자기와 다른 가치관이나 사고방식과 충돌하면서 새로운 생각을 만들어 냅니다.

자기 생각이 절대적이라고 고집하면 더 이상 성장하지 못합니다. 자신의 사고방식이나 가치관보다 더 훌륭한 사고와 가치관도 있다고 생각해야 사고가 진화하고 성장합니다. 정말 성공한 사람은 꾸준히 성장하고 있는 '성장인'입니다.

제가 지금까지 만나 온 소원을 차례차례 실현하는 성공인들은 모두 이런 자질을 갖춘 사람들이었습니다.

그러면 세상에서 행복과 성공을 균형 있게 갖추고 항상 배움을 이어가는 사람은 누구라고 생각하십니까?

바로 아기입니다.

'아니, 아기의 뇌가 가장 성공 뇌에 가깝다고?!' 하고 놀라실지도 모르겠습니다.

지금까지 성공한 분이나 훌륭한 경영자를 많이 만나면서 그들의 특징을 분석해 보니, 성공인들은 아기와 완전히 같은 특징과 성질을 가진다는 사실을 알았습니다.

그 특징을 저는 '아기 뇌'라고 부릅니다. 아기 뇌를 지니면 다음과 같은 좋은 점이 있습니다.

- 타인에게 사랑받고 이성에게 인기가 있다.
- 행복과 성공의 균형을 잘 잡는다.
- 근심이 사라져 항상 행복을 느낀다.
- 마음을 차분하고 온화하게 유지하며 살아간다.
- 단기간에 성장하고 비약한다.

아기 뇌라는 단어는 '아기'와 '뇌'로 나눌 수 있습니다.

'아기'라는 단어에는 '귀여움' '사랑스러움'이 있습니다. '뇌'라는 단어에는 지성이나 지능처럼 '현명함' '멋짐'이 있습니다. 즉, 아기 뇌의 특징을 가진 사람은 한마디로 아기 같은 '귀여움' '사랑스러움'과 '현명함' '멋짐'을 균형 있게 가지고 있다는 말입니다.

그러면 '아기 뇌'를 가진 사람은 어떤 사람일까요?

아기 뇌를 가진 사람의 10가지 특징을 소개하겠습니다.

❶ 언제나 수용적이다

성공인은 항상 아기처럼 수용적입니다. 수용적인 사람은 계속 성장합니다. 남이 하는 조언과 의견을 수용적으로 받아들이는 사람은 진화할 수 있습니다. 반대로, 완고한 사람은 자신의 사고방식에 너무 얽매여 변화할 수가 없습니다.

경영의 신이라고 불리는 마쓰시타 고노스케(松下幸之助)가 중요하게 생각했던 사고방식은 '수용적인 마음'입니다. 그가 마쓰시타 전기산업(파나소닉 홀딩스 주식회사)이라는 대기업을 짧은 시간 안에 세워 올릴 수 있었던 이유는 직원과 고객의 의견을 수용적으로 받아들인 덕분입니다.

수용적인 사람은 '그래도' '그렇다고' '어차피' '못해' 같은 단어를 사용하지 않습니다. 순순히 '네, 알겠습니다'라고 대답하며 자신을 개선하고 성장시키는 사람만이 성공할 수 있습니다.

❷ 항상 배우려는 의욕이 있다

성공하는 사람들은 배우는 데 욕심을 냅니다. 여러분은 배우려는 의욕이 얼마나 있나요?

마이크로소프트의 공동 창업자인 빌 게이츠(Bill Gates)는 독서가로 유명합니다. 그는 매일 평균 1시간, 연간 50권 이상의 책을 읽고, 집에는 1만 4천 권 이상의 장서가 있다고 합니다.

배움에 의욕이 있는 사람은 새로운 지식과 생각을 받아들이며 변화를 좋아합니다. 반면, 배움에 의욕이 없는 사람은 자기 생각을 고치거나 바꾸려고 하지 않습니다. 만약, 지금보다 더 진화하고 새로운 단계로 나아가고 싶다면 배움에 욕심을 내세요. 그러면 사물을 보는 새로운 시각이 생깁니다.

❸ 호기심이 왕성하다

성공인이라고 불리는 사람들에게는 공통적인 특징이 있습니다. 항상 아기처럼 호기심을 가지고 사물을 대한다는 점입니다. 호기심은 눈앞에서 일어나는 일이나 사람, 사물에 흥미를 느끼고 본질을 탐구하며, 바닥부터 배우고 알아가려는 마음가짐을 말합니다. 호기심이 없으면 배우거나 알려고 하지 않습니다. 배우고 더 알고 싶어 하는 탐구심이 없는 사람은 성장할 수 없습니다.

저는 지금까지 성공인이라고 할 만한 대부호나 경영자를 많이 만나 봤는데, 그들은 예외 없이 다양한 분야에 흥미를 느끼고 끊임없이 배우려고 하는 사람들이었습니다.

진짜 성공한 사람은 모든 일에 호기심을 가지고 언제나 배우고 성장하는 '성장인'입니다.

아인슈타인의 다음 말이 이를 단적으로 표현합니다.

"나에게 특별한 재능 따위는 없습니다. 다만 엄청나게 호기심이 강할 뿐입니다."

❹ 모든 사람을 스승으로 생각한다

성공인은 아기처럼 누구에게든 좋은 점을 흡수하고 배우려고 합니다. 크게 성공했다 해도 겸허하게 타인의 의견이나 생각을 받아들이려고 합니다. 잘난 척하거나 거만한 아기가 없듯이 말입니다. 아기는 모든 사람을 선생님으로 생각하고 배우려고 합니다.

세상의 성공인들은 무척 겸손합니다. 만나는 모든 사람으로부터 배우려고 하고, 모든 사람을 스승, 선생님으로 보고 배우려는 자세를 가집니다. 왜냐하면 어떤 사람이든 자신이 가지지 못한 훌륭한 지식이나 생각, 자신에게는 없는 장점이 있기 때문입니다.

모든 사람을 스승으로 본다는 말은 어떤 뜻일까요?

'비인도적인 행위를 하는 사람이나 부당한 말을 하는 사람도 스승으로 생각하라'라는 말은 아닙니다. 그런 사람을 보고 상대에게 상처를 주거나 고통스럽게 할 수도 있음을 깨닫는 반면교사로 삼으라는 말입니다.

'타인의 모습을 보고 자신의 모습을 바로 잡아라'라는 말처럼 바로 그런 사람에게도 배울 점이 있다는 뜻입니다.

❺ 고정관념을 갖지 않는다

아기에게는 '이렇게 해야 한다' '이래야 한다'와 같은 고정관념이 없기 때문에 남을 탓하거나 스스로 책망하지 않습니다. 선악을 판단하지 않기 때문에 스스로 죄책감에 시달리지 않습니다. **아기처럼 항상 '있는 그대로' 보는 사람이 진짜 성공인**입니다.

❻ 단순하게 생각한다

아기는 단순하게 생각합니다. 인간관계로 고민하는 아기는 없습니다. 돈 걱정을 하는 아기도 없습니다. 성공하는 사람에게는 고민이 거의 없습니다.

성공하는 비즈니스도 단순한 쪽이 더 잘됩니다. 구글 검색 엔진 서비스는 검색창이 하나밖에 없는 매우 단순한 서비스를 제공하면서 크게 인기를 끌었습니다.

❼ 자연스럽다

성공하는 사람은 아기처럼 자연스럽습니다. 아기는 자기감정에도 솔직합니다. 울고 싶을 때 울고, 웃고 싶을 때 웃습니다. 아기는 본심과 다르게 가식으로 말하지도 않습니다. 성공하는 사람들은 아기처럼 항상 본심으로 살아갑니다. 이는 노자의 경지인 '무위자연'의 개념과 같습니다.

❽ 하고 싶은 일을 한다

아기는 하고 싶은 일을 바로 합니다. 자고 싶으면 바로 자고, 배가 고프면 바로 엄마 젖을 먹습니다. 소변이 마려우면 바로 눠버립니다. 성공하는 사람은 아기처럼 하고 싶다고 생각하면 뒤로 미루지 않고 바로 행동합니다.

❾ 잘하고 좋아하는 일을 한다

아기는 기본적으로 좋아하는 일만 합니다. 또, 아기는 기저귀를 차거나 젖병에 분유를 타지 못하기 때문에 엄마에게 전적으로 맡깁니다. 성공하지 못한 사람은 뭐든지 혼자서 다 하려고 합니다. 반면,

성공인은 아기처럼 좋아하는 일만 하고 잘하는 일만 합니다. 싫어하는 일과 못하는 일은 남에게 맡기고 자유로운 시간을 확보하는 사람이 성공인입니다.

⑩ 멈추지 않는다

아기는 기어 다니기 시작하면서부터 걷게 될 때까지 발달을 멈추지 않습니다. 말을 하지 못하는 어린 시절부터 말을 하게 될 때까지 절대 말을 멈추지 않습니다. 성공인은 아기처럼 **하게 될 때까지 그만두지 않기 때문에 성공하는 것입니다.**

어떠신가요?

아기 뇌의 사고방식을 장착하고 조금이라도 머리를 유연하게 만들어 행복과 성공을 손에 쥐어보기를 바랍니다.

그런데 아기 뇌 역시 양자역학의 관점에서 소립자의 파동과 입자의 이중성으로 해명할 수 있습니다.

예를 들어, 사람은 너무 진지하면 다가가기 어렵고, 반대로 웃긴 이야기나 엉뚱한 소리를 너무 많이 하면 실없는 사람이라고 생각합니다. 사실 진지한 면과 엉뚱한 면을 균형 있게 유지하는 사람이 다른 사람에게 더 사랑받는 행복한 성공인이 됩니다.

여기서 '진지함'은 빈틈없이 엄격한 이미지이므로 입자의 성질을 가지고, '엉뚱함'은 느슨한 이미지이므로 파동의 성질을 가진다고 합시다. **파동과 입자의 이 이중성 상태가 아기 뇌의 상태입니다.**

'이래야 한다' '저래야 한다' 같은 고정관념이나 가치관에 얽매이는 사람은 **입자성**이 강합니다. 한편, 고정관념이나 상식에 얽매이지 않고 유동적인 가치관을 지닌 사람은 **파동성**이 강합니다. 즉, 아기 뇌는 자신의 가치관이나 신념을 가지면서 그 가치관에 지나치게 얽매이지 않는 유연한 사고를 합니다.

아기 뇌를 가지려면 다음 요소들의 균형을 잘 잡아야 합니다.

- 멋짐 ↔ 귀여움
- 진지함 ↔ 엉뚱함
- 자신감 ↔ 고분고분함
- 남성성 ↔ 여성성

이 요소들을 균형 있게 중용을 지키며 살다 보면, 행복과 성공을 균형 있게 유지하는 아기 뇌가 될 수 있습니다. 꼭 아기 뇌를 만들어

끝없는 고민과 고정관념, 집착에서 해방돼 행복한 인생길을 걸어가
시길 바랍니다.

- 인생의 여덟 기둥의 주요 요소를 균형 있게 채우면 행복과 성공을 끌어당긴다.
- 인생의 근본적 목적은 계속 배우고 성장하는 것이다.
- 진정한 성공인은 '성장인', 항상 배우고 끝없이 성장하는 사람은 성공한다.
- 아기 뇌를 장착하면 행복한 성공인이 될 수 있다.

+ 과제 +

질문 ❶ 인생의 여덟 기둥 각각에 대해 가장 이상적인 상태를 10점 만점이라고 한다면 몇 점을 줄 수 있나요? 각각 점수를 매겨 보세요.

질문 ❷ '인간관계' '돈' '성장' '공헌' '마음의 여유' '시간' '일' '건강' 등 8가지 관점에서 어떤 상태가 이상적일까요? 가능한 만큼 적어보세요. 되도록 구체적으로 적어야 합니다.

질문 ❸ 인생의 여덟 기둥의 각 요소를 이상에 가깝게 만들기 위해 구체적으로 무엇을 해야 할까요?

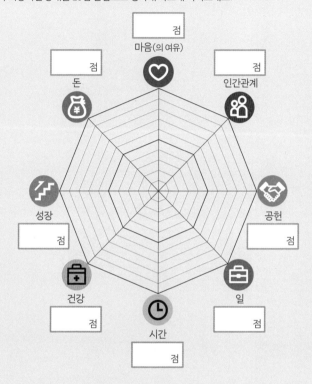

표27 '인생의 여덟 기둥'의 레이더 차트

각각 이상적인 상태를 10점 만점으로 생각해 차트에 적어보세요.

깨달은 점이나 느낀 점, 아이디어를 적어보세요.

_____

_____

_____

목적의 법칙

인생의 목적이 명확하면
소원 실현이 빨라진다

인생의 목적은 무엇인가

지금까지 인생을 공략하는 법칙을 10가지 정도 알려드렸습니다. 마지막 열한 번째 법칙은 소원 실현을 가속하는 최고의 비법, 속도를 올리는 비결입니다.

먼저, 다음 질문에 대해 다시 한 번 생각해 보세요.

'당신의 인생의 목적은 무엇입니까?'

'당신은 무엇을 위해 살아가나요?'

이런 질문에 바로 답할 사람은 많지 않을 것입니다.

'당신은 무엇을 위해 태어났을까요?'
'살아가는 목적은 무엇인가요?'

만약, 이 질문들에 바로 답하지 못한다면 다른 사람의 생각과 의견에 따라 주위 사람에게 휘둘리면서 살아가고 있을 가능성이 있습니다. 자신의 기준이 명확하지 않고 자신이 무엇을 위해 살아가는지 모르기 때문입니다.

인생의 목적에 따라 살아간다는 것은 자신의 기준이나 인생의 역할을 명확히 정하고, 미션과 비전에 따라 살아가는 것입니다.

인생을 움직이는 미션과 비전

미션이란 인생의 나침반입니다. 비전은 인생의 지도입니다. 많은 사람들이 인생의 나침반과 지도가 없는 채로 여기저기 떠돌며 방황합니다.

미션과 비전이 명확하고, 그에 따라 자기 기준으로 살아가는 삶은 메트로놈에 비유할 수 있습니다. 메트로놈은 추를 중심축 쪽으로 내리면 빠르게 진동합니다. 반면, 추가 중심축에서 멀어지면 천천히 진동합니다.

메트로놈과 마찬가지로 미션과 비전에 따라 자신의 축으로 살면 진동하는 에너지가 높아지고, 행동하는 속도가 빨라집니다. 즉, 하고 싶은 일에 마음 설레면서 행동 속도가 빨라질 때는 자신의 축을 기준으로 살고 있다는 것입니다. 반대로, 설레지 않고 좀처럼 행동할 수 없는 상태가 계속되는 것은 자신의 축이나 마음의 소리에 따라 행동하지 않는다는 것입니다.

미션과 비전에 따라 살아가는 삶이란 멈추거나 그만둘 수 없는 상태이며, 절대 멈출 수 없는 상태일수록 행동 속도는 더 빨라질 것입니다.

다시 한 번 **여러분의 인생을 돌아보고 자신의 마음이나 영혼의 목소리를 따라 설레는 마음으로 살아가고 있는지 확인해 보세요.** 그러면 자신의 축을 기준으로 행동하는지를 알 수 있습니다.

'진심으로 어떻게 하고 싶어?'

'진심으로 어떻게 되고 싶어?'

'진심으로 무엇을 갖고 싶어?'

이 3가지 질문을 반복하면서 스스로 묻고 답하면, 진짜 하고 싶은 일이 보입니다. 다시 한 번 자신의 마음의 소리에 귀를 기울여 보세요.

물리학에 '관성의 법칙'이 있습니다.

사람에 비유하면 더 알기 쉽습니다.

'멈춰 있는 사람은 앞으로도 계속 멈춰 있게 된다. 움직이는 사람은 계속 움직이려고 한다.'

이것이 관성의 법칙입니다.

당신은 계속 멈춰 있습니까? 계속 움직이고 있습니까?

인생의 비전을 명확하게 하려면 아래의 질문에 명확하게 답해야 합니다.

이상적인 자기상은 무엇인가?

가장 이상적인 인생이란 어떤 인생인가?

어떤 일이 실현되면 후회 없이 죽을 수 있는가?

인생의 미션을 명확하게 하려면 아래의 질문에 명확하게 답해야
합니다.

비전을 달성하기 위해 무엇을 실행하고 있는가?

비전을 달성하기 위해 어떤 가치를 제공하고 있는가?

**소원 실현을 가속하는 방법의 핵심은 미션과 비전에 따라 살아가
는 것입니다.**

미션과 비전은 어떻게 찾아야 할까요?

저는 어떻게 하면 모두가 재현성을 가지고 미션과 비전을 찾을지
를 오랜 기간에 걸쳐 연구했습니다. 그 결과, 우주에 존재하는 블랙
홀과 화이트홀에 단서가 있다는 사실을 깨달았습니다.

블랙홀은 별이나 행성이 수명을 다한 뒤 점점 작아지고 높아진 밀

도로 강한 중력이 생겨 빛도 탈출하지 못하게 된 작은 천체입니다.

블랙홀의 시공이 한 점에 응축된 점을 특이점이라고 합니다. 즉, 블랙홀은 모든 물체를 흡수하고 끌어당깁니다. 빛까지 흡수하는 블랙홀은 압도적으로 놀라운 흡입력을 가지고 있습니다.

여러분이 지금까지 겪었던 모든 경험과 체험의 에너지도 한 점에 집중시키면 블랙홀처럼 끌어당김의 힘이 엄청나게 강해집니다.

블랙홀은 인생에 비유하면 과거의 자신입니다.

그리고 여러분의 과거 경험과 배움, 지식, 지혜 등 모든 것이 인생의 한 가지 미션을 찾는 단서가 됩니다.

제 세미나에서도 미션을 찾을 때 과거의 인생을 점검하는 작업을 합니다.

내가 좋아하는 분야는 무엇인가?

내가 잘하는 일은 무엇인가?

만약, 살날이 3일밖에 남지 않는다면 무엇을 하고 싶은가?

앞으로 5년, 10년 동안 계속 배우고 싶은 것은 무엇인가?

내가 지금까지 경험한 성공과 실패는 무엇인가?

이러한 질문에 답하는 과정에서 공통으로 보이는 것이 정말 하고 싶은 일, 미션으로 이어집니다.

그러면 비전은 어떻게 찾아야 할까요?

비전은 되고 싶은 자기 모습이나 정말 하고 싶은 일을 종이에 써 보고 미래를 창조하면서 만들어 가는 과정에서 찾을 수 있습니다.

'당신에게 가장 이상적인 세계는 어떤 세계입니까?'

'당신에게 가장 이상적인 자기 모습은 어떤 모습입니까?'

이 질문에 대한 답이 비전입니다.

만약, 돈이 무한히 있고 시간을 얼마든지 사용해 무엇이든 할 수 있는 능력이 있다면 무엇을 하고 싶습니까? 그 대답의 끝이 비전을 찾는 단서입니다.

이론상, 블랙홀의 중심에는 특이점이 있고, 그 너머에는 화이트홀이 있습니다. 그러므로 화이트홀은 이상적인 미래로 이어지는 비전에 비유할 수 있습니다.

인생을 극적으로 바꾸려면 먼저 미션과 비전을 명확하게 언어화해야 합니다. 말에는 양자역학적으로도 힘이 있다고 앞에서도 언급

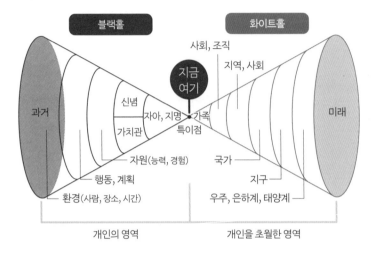

블랙홀

화이트홀

사회, 조직

지역, 사회

지금
여기

신념

자아, 지명 · 가족

가치관

특이점

과거

미래

자원(능력, 경험)

국가

행동, 계획

지구

환경(사람, 장소, 시간)

우주, 은하계, 태양계

개인의 영역

개인을 초월한 영역

했듯이, 여러분의 미션과 비전을 명확하게 언어화하면 그 일은 현실
화가 빨라집니다.

그리고 시간(현재, 과거, 미래)이 하나로 통합된 상태인 '지금'과 공
간(가로, 세로, 높이)이 하나로 통합된 '여기'를 미션과 비전에 따라 살
아감으로써 가장 이상적인 인생을 끌어당길 수 있습니다.

즉, '지금, 여기'를 얼마나 소중하게 여기면서 지내는가, '지금, 여기'를 얼마나 즐기는가, 이것이 인생 전체를 충실하게 하는 비결입니다.

'꿈'과 '사명'의 차이

'꿈'은 에너지 벡터가 안으로 향합니다.

'내 집을 마련하고 싶다' '차를 사고 싶다' 같은 개인적 소원, 또는 '나를 위해서'로 의식이 향하는 상태입니다.

반면, '사명'은 에너지 벡터가 밖으로 향합니다. '환경 문제를 해결하고 싶다' '물심양면 풍요로운 사회를 만들고 싶다' 같은 사회적 소원이나 '세상을 위해' '사람을 위해서'로 의식이 향하고 있습니다.

양자역학적으로는 개인적 소원이나 '꿈'은 보통 겉으로는 보이지 않기 때문에 파동성을 가집니다. 반면, 사회적 소원이나 '사명'은 외부로 드러내어 타인에게 보이기 때문에 입자성을 가집니다.

'꿈'과 '사명'을 통합하면, 다시 말해 '세상을 위해' '남을 위해' '자신을 위해' 살아가면 '의지(志)'에 의식이 모이고 최고의 에너지를 발휘할 수 있습니다. '의지'를 뜻하는 '지(志)'라는 한자에는 플러스, 마이너스, 마음(心)이 들어 있습니다. 중성으로 중용의 마음을 가지는 아기 뇌의 의식과 같다고 할 수 있습니다.

'지(志)'와 '명(命)'을 함께 쓰는 '지명(志命)'을 찾으면 인생은 크게 비약합니다. 제 인생의 목적 '지명(志命)'은 '전 세계의 사람들에게 꿈과 희망을 주고, 누구나 자기실현하는 사회를 만드는 것'입니다. 이 '지명'을 찾은 다음부터 제 인생은 극적으로 바뀌어 저의 꿈을 이루면서 동시에 세상에도 공헌하게 되었습니다.

여러분도 미션과 비전을 명확하게 해 '지명'을 찾고, '지금, 여기'를 지명으로 살아간다면 개인적 소원과 사회적 소원을 차례차례 균형 있게 실현하게 될 것입니다.

• 미션과 비전이 명확하면 인생이 비약한다.

• '꿈'과 '사명'을 통합하는 '지명(志命)'을 찾는다.

• '지금, 여기'를 '지명'으로 살아가면 소원 실현이 가속된다.

질문 ❶ 만약, 돈과 시간이 무한하며 무슨 일이든 할 능력이 있다면 무엇을 하

고 싶은가요? 생각나는 대로 종이에 적어보세요.

질문 ❷ 당신에게 가장 이상적인 세상은 어떤 세상인가요? 무엇을 이루면 후

회 없이 죽을 수 있을까요?

⊠

양자역학으로
차례차례 소원을 실현하는 삶

저는 대학원 시절에 로봇 연구실에서 인공지능 연구를 했습니다. 인공지능을 연구하는 과정에서 인간의 심리와 뇌과학에도 흥미를 느끼기 시작해 뇌과학, 심리학, 철학, 종교학 등을 배웠습니다.

그러다 보니 여러 학문의 본질에는 '공통점'이 있으며, 그것이 바로 고등학교 시절에 푹 빠져서 공부했던 물리학에 있다는 사실을 깨달았습니다.

물리학은 자연의 법칙을 탐구하는 학문입니다.

자연의 법칙은 '법칙'이라고 말할 정도로 재현성이 있는 보편의 진리입니다.

그리고 차례차례 소원을 실현하는 사람은 자연의 법칙과 마찬가지로 공통된 성공 철학과 성공 법칙에 따라 살아갑니다. 이 성공 철학과 성공 법칙을 자연의 법칙을 탐구하는 물리학이나 양자역학으로 해석할 수 있겠다는 생각에서 그 방법과 구체적인 비결을 한 권으로 정리해 보았습니다.

어떠셨나요?

읽기 전과 읽은 후에 보이는 세상이 바뀌었나요?

양자역학을 배우면 끌어당김의 법칙이나 사고의 법칙처럼 눈에 보이지 않는 우주의 법칙을 깊이 이해하고 받아들일 수 있겠다는 생각이 들 것입니다.

사람은 깊이 이해하면 의식이 바뀌고, 행동이 바뀌어 실천하기 때문에 저절로 결과가 나옵니다. 양자역학을 배우면 이 외에도 많은 자연의 법칙과 세상의 구조를 파악하고, 모든 성공 법칙을 해명할 수 있습니다.

저의 비전은 '누구나 생기 있게 빛나고, 마음 설레며 활력이 넘치는 세상을 만드는 일'입니다.

생기 있다는 말은 '나답게 살고, 나를 살리는 일'을 뜻합니다.
설렌다는 말은 '자신의 한계를 알고 그것을 뛰어넘어 자기 성장을 계속하는 것'을 뜻합니다.

모든 사람이 생기 있고 설레면서도 균형 잡힌 행복과 성공을 손에 넣는 세상을 만들고 실현하는 데 제가 도움이 된다면 무척 기쁘겠습니다.

앞으로의 인생을 더 풍요롭고 행복하게 살아가기 위해서는 어떻게 하면 좋을까요?
저는 양자역학의 이론을 응용해 이 세상의 다양한 법칙을 해명함으로써 '세상 사람들에게 꿈과 희망을 주고, 누구나 자기실현 가능한 세상을 만든다'라는 지명을 달성하고 사회에 공헌한다면 행복할 것입니다.

이 책을 통해 여러분과 만나게 돼 마음 깊이 감사의 말씀을 올림니다.

여러분 모두가 차례차례 꿈을 이뤄 행복과 성공을 획득하고 이상적인 인생을 만들어 가기를 기원합니다.

지금까지 저를 만나 지원과 지도를 해주신 모든 분께 마음 깊이 감사드립니다. 정말 감사합니다.

다카하시 히로카즈

『바잉브레인』 A.K. 프라딥, 한국경제신문사

『성공 법칙은 과학적으로 증명할 수 있는가?(成功法則は科学的に証明できるのか?)』 오쿠 다케오(奥健夫), 소고호레출판(総合法令出版)

『어떻게 살아야 하는가』 이나모리 가즈오, 다산북스

『성공하는 사람들의 7가지 습관』 스티븐 코비, 김영사

『깨어 있는 마음의 과학』 도슨 처치, 정신세계사

『결국 해내는 사람들의 원칙』 앨런 피즈·바바라 피즈, 반니

『운을 끌어당기는 과학적인 방법』 다사카 히로시, 김영사

『생각하라 그러면 부자가 되리라』 나폴레온 힐, 와일드북

『물리의 모든 것을 알 수 있는 책(物理のすべてがわかる本)』 과학잡학연구구락부 편집, 각켄플러스(学研プラス)

『대단한 실험 - 고등학생도 알 수 있는 소립자 물리의 최전선(すごい実験 ― 高校生に

もわかる素粒子物理の最前線)』다다 마사루(多田 将), 이스트프레스(イースト・プレス)

『예지의 바다, 우주: 물질, 생명, 의식의 통합이론을 정리(叡知の海・宇宙: 物質・生命・意

識の統合理論をもとめて)』어빈 라즐로(Ervin Laszlo), 니혼쿄분샤(日本教文社)

퀀텀 시크릿

초판 1쇄 발행 2023년 3월 24일
초판 7쇄 발행 2024년 4월 10일

지은이 다카하시 히로카즈
옮긴이 이선주

발행인 정동훈
편집인 여영아
편집국장 최유성
책임편집 양정희
편집 김지용 김혜정 조은별
표지 디자인 어나더페이퍼
본문 디자인 홍경숙

발행처 (주)학산문화사
등록 1995년 7월 1일
등록번호 제3-632호
주소 서울특별시 동작구 상도로 282
전화 편집부 02-828-8834 마케팅부 02-828-8832
인스타그램 @allez_pub

ISBN 979-11-411-0444-3 (03320)

값은 뒤표지에 있습니다.

알레는 (주)학산문화사의 단행본 임프린트 브랜드입니다.

알레는 독자 여러분의 소중한 아이디어와 원고를 기다리고 있습니다. 도서 출간을 원하실 경우
allez@haksanpub.co.kr로 간단한 개요와 취지, 연락처 등을 보내주세요.